뚝심 정치인 이재강이 꿈꾸는

더 큰 정치 더 큰 평화

뚝심 정치인 이재강이 꿈꾸는

더 큰 정치 더 큰 평화

이재강 지음

비타베아타

이 책에는 민주주의와 평화에 대한
이재강 전 평화부지사의 경험과 식견이 가득 녹아 있다.
정치 일선에 뛰어든 이래 지금까지 쌓아온 고민과 성찰이
우리 사회의 더 나은 진보에 기여할 수 있을 것으로 믿는다.
이재강 전 부지사가 꿈꾸는 '더 큰 정치, 더 큰 평화'가
대한민국과 한반도의 미래를 위해 더 중대한 역할을
해주길 기대한다.

더불어민주당 대표 이재명

프롤로그

얼마 전 더불어민주당 '기본사회위원회 부위원장'과 '이재강' 이름 석 자가 새겨진 푸른색의 점퍼를 새로 맞춰서 그 옷을 입고 앞뒤로 돌아가며 자랑삼아 "옷이 이쁘재?" 하며 폼을 잡은 적이 있다. 의정부을 지역에서 밭갈이하면서 새로운 결의를 다지듯, 옷이 괜찮지 않냐고 물으니 아내 왈 "참 그리 멋지지 않네요. 왠지 슬픈 생각이 들고 애잔합니다."라며 푸념하듯 답했다. 20년간의 영국 생활을 정리하고 2012년 1월 귀국한 이후 정치 일선에 몸담은 지 12년간 그 민주당 점퍼를 입었는데, 그다지 성공적이지 않은 나의 정치 생활에 대한 아픈 기억들 때문이리라.

정치 일선에 나서서 3번의 국회의원 낙선과 주택도시보증공사 상근감사위원으로 문재인 정부의 도시 재생 정책의 일선에서 일한 경험 그리고 이재명 경기도지사와 함께 경기도 평화부지사로서 남북 평화 협력 사업을 펼친 일 등이 굵직굵직한 정치 일정에 속하지만, 주로 지역 골목에서 주민들과 만나고 호흡하는 장면에 익숙한 나의 모습이 처연해 보였던가 보다.

"푸른 옷에 실려 간 꽃다운 이내 청춘."

12년 전 귀국하고 정치를 시작할 때 결심한 것이 있었다. 첫째, 퇴로를 차단할 것. 둘째, 벼랑 끝에 서서 두 발자국 자리만 딛고 있을 것. 셋째, 앞만 보고 높낮이 재지 말고 뛰어내릴 것. 애초에 정치를 하고 싶어 했던 지역이 워낙 험지이고 백날 천날이 가도 당선되지 않는다는 평가 때문에 출사표를 던지듯이 정치 일선에 뛰어들었다.

정치를 시작하고 적지 않은 시간이었지만 실천과 행동의 기억들을 정리하고, 시시각각으로 변하는 정치 상황에서도 본래 생각했던 정치의 정의 그리고 정치가 해내어야 할 가치와 지향에 대해 책으로 엮고 나니 부끄러움이 앞선다. 간단치 않았던 삶의 여정들 그리고 짧다면 짧을지도 모르는 정치 행보를 다 보여주는 것이 나의 속내를 다 보여주는 것이라 얼굴이 달아오르기도 하고 과연 괜찮은 일인가 작은 걱정도 있다.

1987년 6월 민주항쟁 이후 절차적 민주주의가 완성되어 누가 봐도 한국은 민주주의를 완성해가고 있는 나라로 인식해왔던 게 사실이다. 하지만 되돌아보면 실질적 민주주의는 퇴행해왔다. 절차적 민주주의의 외피 아래 저질러진 상실과 파괴의 역사를 몸소 느껴오지 않았던가. 지금 더욱이 윤석열 검찰독재로 일컫는 희대의 정치 부재 시대에 절차적 민주주의는 과연 무엇이란 말인가. 민주주의가 질식당하고 있는 형국을 어떻게 설명할 것인가.

민주주의 내용성은 차치하고 절차적 민주주의 외피의 품질이나 색상을 고민할 여유도 없이 그걸 민주주의로 알고 우리 몸에 잘 걸쳐진 것처럼 여겼던 것이다. 이제 정치는 갈등 해결이라는 외래의 민주주의의 틀을 벗어던지고 실질적 민주주의 곧 사회권적 기본권이 보장되는 민주주의의 실질을 실현시켜야 한다. 그것이 이 시대가 요구하는 바다. 그것이 노무현 전 대통령이 말한 '사람 사는 세상'이고 이재명 대표의 정치적 지향점, 즉 '억강부약'과 '대동세상'이다. 연대와 배려의 공동체를 이 땅에 실현하는 일이 정치의 본령이다. 이 공동체의 형성은 기본소득, 기본금융, 기본주택 등이 보장되는 기본사회와 맞닿아 있다.

정치는 본래 국민들의 마음을 어루만지고 국민에게 봉사하는 일이다. 정치인은 사적인 영역이 아니라 공공성의 영역에서 국민을 위한 일들을 잘하기 위해서 인격을 도야하고 좋은 사람이 되지 않으면 안 된다. 자신이 좋은 사람이 아니고서야 서민과 중산층의 목소리에 귀 기울인다는 말은 헛구호일 뿐이다. 친일 세력의 청산, 안하무인 수구 언론의 혁파, 한반도 평화 정착, 함께 더불어 살아가는 대동세상이라는 역사적·시대적 과제는 도전하고 감행하는, 어떻게 보면 무모한 정치인만이 해낼 수 있다. 그 도전과 감행이 사람들을 움직일 때 감동의 정치는 작동된다. 감동의 정치는 세대와 시대를 바꾸는 기폭제이다. 이제는 서민과 중산층에게 감동을 주는 정치를 선보일 때다.

뼈를 묻겠다는 각오로 헤진 민주당 깃발 부여잡고 골목골목 누비며 필요로 하는 곳이 그곳이 공공기관이든 행정기관이든 지조와 격조의 정치를 되찾아올 수 있도록 나 자신을 벼려왔다. 이 나라에 또 의정부에 옳다 싶으면 결과를 두려워하지 않고 뚜벅뚜벅 가는 정치인 하나 있다는 소리를 꼭 듣고 싶다.

끝으로 부족하지만 이 책을 펴내는 데 도움을 주신 많은 분께 깊은 감사의 인사를 드린다. 특히 내공 있는 질문으로 품격 있는 대담을 이끌어주신 '정치평론가 박시영 대표님'에게 진심으로 감사드린다. 두 번에 걸친 대담에서 가슴속에 품고 있던 더 큰 정치에 대한 생각을 언어로 정리할 수 있었던 건 전적으로 박 대표님의 덕이었다. 이 책은 더 큰 정치, 더 큰 평화를 향한 첫걸음이다. 이제 생각이 아닌 실천을 통해 더 큰 정치, 더 큰 평화로 나아갈 차례이다.

2023년 11월

의정부에서 이재강

차례

3장 경기도 평화부지사 그리고 한반도 평화의 큰 그림

4장 지속 평화를 위한 기본사회 건설

5장 의정부를 한반도 평화 수도로!

서장

이재강의 눈높이 정치

하나. 한국의 정치, 정치인이 가야 할 길

정치란 무엇인가?

'정치란 무엇인가?'

동서고금을 통해서 수많은 철학자가 끊임없이 답을 구하고자 했던 화두다.

대학에 입학해 정치학에 입문하던 스무 살 때였다. 강단에 서신 노老정치학자에게 물었다.

"선생님! 정치가 도대체 뭡니까? 한마디로 말씀해주십시오."

"아픈데 안 아프고, 안 아픈데 아프다."

나름 진지함으로 무장하고 조심스럽게 질문했건만 돌아온 대답은 뜻밖이었다. 그야말로 선문답이었다. "있는데 없고 없는데 있다."는 부처님의 깨달음을 떠올리는 답변이었다. 속으로는 '40년간 정치학 강의를 한 분이 고작 이게 뭐람?' 하며 허탈했던 기억이 있다. 존경하는 또 다른 한 노학자는 그 시절 "정치학이란 결국 인간학이다."라고 일갈했다. 이 말을 모든 사회과학의 정수는 결국 인간학으로 통한다는 뜻으로 새겼다. 피가 뜨겁던 청년에게 참 많은 생각을 하게 만든 정의였다.

정치학을 공부하다 근대 민주주의의 뿌리가 된 영국으로 건너가서까지 '정치란 무엇인가'를 탐구하였음에도 아직 '과연 정치란 무엇일까?'라는 물음에 명쾌한 결론에 도달하진 못했음을 고백한다. 그런 점에서 그 시절 노정치학자가 전한 공허한 깨달음에도 이르지 못하였으니 여전히 송구할 따름이다. 다만, 지금까지도 그리고 앞으로도 '정치란 무엇인가?'라는 이 물음을 내 삶에서 놓지 않으려고 한다. 그것도 연구자로서가 아니라 정치가로서, 정치와 민생의 현장에서 그 질문을 치열히 떠올리며 답을 찾아가겠다는 다짐만은 분명히 할 수 있다.

영국과 미국의 역사적 전통을 잇는 정치관의 핵심은 '절차적 민주주의'라고 집약할 수 있겠다. 절차적 민주주의는 한마디로 '갈등의 해결(Conflicts Resolution)'을 겨냥한다. '어떻게 하면 사회 구성원 간, 즉 개인 대 개인, 개인 대 집단, 집단 대 집단 간의 크고 작은 갈등을 해결하고, 토마스 홉스가 말한대로 만인의 만인에 대한 투쟁, 즉 '서로에게 늑대인 인간 사회를 평화롭게 지탱해갈 수 있을까?'라는 철학적 물음은 매우 오래된 질문이다. 절차적 민주주의는 사회 체제를 이끌어가기 위해 법을 만들고, 그 법에 의해 체제를 유지한다는 논지를 밑바닥에 깔고 있다.

그러니 이러한 정치철학에서는 '경기의 규칙(Rules of Game)'이 중요하다. 그들 표현으로 정치 참여자들 간의 '페어플레이Fair Play'가 캐치프레이즈이다. '경쟁과 시장'이라는 가치를 역설하고, 갈등 해결을 정치라고 믿는 그들에게 정치는 그저 '시장'일 뿐이며 한낱 게임에 불과하다. 선거도 '투표'라는 '상품'의 교환으로 본다. 경쟁에서 이기면 그만이다. 경쟁에서 지는 것도 구조가 아니라 개인 때문이라고 호도한다. 영국과 미국을 중심으로 한 이러한 정치관을 '개인주의적 정치관'이라고도 한다.

개인주의적 정치관과는 달리, 프랑스의 장 자크 루소를 비롯한 진보적인 사상가들이 주창한 정치관은 '공동체의 형성(Community Formation)'을 지향점으로 삼는다. 사회 구성원 간의 갈등 해결도 중요하지만, '어떻게 정신적·물질적 공동체를 형성할 것인가?'가 더 중요한 관심사이다. 모든 구성원이 함께 누리는 세상을 만들기 위해서, 약간의 혼란은 받아들여질 수 있고, 모든 것을 법의 잣대로 규정짓기에는 무리가 있다는 주장이다. 다만 여기서 '다 같이 평등하게 굶는다'는 식의 전도된 공동체의 형성은 배제되어야 한다.

노무현 대통령은 공동체 형성의 정치를 통해 한국 민주주의의 새로운 역사를 열었다.
사진은 영국 생활 중 노무현 대통령 서거 비보를 듣고 급히 마련한 분향소.

'절차적 민주주의' 외피 걸치고 걸어온 한국의 정치

정치란 무엇인가를 두 가지의 관점, 즉 '갈등 해결로서의 정치'와 '공동체 형성의 정치'로 대별한다면, 한국의 정치를 해석하는 것도 그리 어려워 보이진 않는다. 우리의 정치사를 뒤돌아보면, 민주주의의 내용성은 차치하고, 단순히 미국에서 차용하여 그럴싸한 절차적 민주주의의 외피를 걸치고 여태껏 내달려왔다고 하겠다. 그 외피의 품질이나 색상을 고민할 여유도 없이 덥석 받아, 잘 맞는지 고민할 새도 없이 우리 몸에 걸치고 살아온 역사이다. 또 그 보기 좋은 외피에, 언제인가부터는 국방색 페인트(!)까지 칠해야 하는 불이익을 감당하면서 질곡의 세월을 견뎌왔다.

절차적 민주주의의 국방색 외피 아래 저질러진, 헤아릴 수 없는 '상실과 파괴'를 우리의 현 역사는 감당해왔다. 가슴 아프게도 그 두텁고 냄새나는 민주주의의 외투 아래 수많은 젊음과 헤아릴 수 없는 목숨이 질식당하고 농락당한 것이 우리나라 민주화 투쟁의 역사에 고스란히 새겨져 있다. 그 '상실과 파괴'의 역사를 증명하기 위한 움직임들이 김대중 전 대통령의 시대 이래 노무현 대통령의 시대를 거쳐 일어났다. 그래서 비로소 문제화되고, 그 해결을 위한 소용돌이가 지금까지 휘몰아치고 있는 것이다. 더욱이 '윤석열 검찰독재'로 일컫는 희대의 정치 부재의 시대에 처한 지금은 한마디로 민주주의가 질식당하고 있는 형국이다.

사실 그 민주주의의 외피, 이를테면 절차적 정당성을 가진 민주주의의 형식적 완성마저도 결국은 40여 년이라는 가난과 고통의 시대를 뛰어넘고서야 이루어진 셈이다. 이러한 민주주의의 형식적 완성과 더불어, 민주주의의 개혁호는 공동체 형성의 포구를 향하여, 수구와 변절의 파고를 헤쳐나가며 힘든 항해를 해왔다. 그런 의미에서, 우리 정치사에서 '노무현'이라는 정치인의 발견 내지 발탁은 그야말로 값진 것이었다.

절차적 민주주의의 외피가 완성되어 나라 안팎으로 '이 정도면 됐어' 하고 받아들이는 시점에, '공동체 형성'이라는 정치관을 지닌 한 사람이 나타나 많은 사람이 모여들었었다. 한반도의 남과 북, 동과 서, 드러내 놓을 수는 없었지만, 계층, 계급 간의 모순 해소까지 아우르는 공동체의 상을 그릴 줄 아는 한 사람이었다. 그러니 적지 않은 이들이 노심초사 노무현을 권력의 중심에 두고 싶어 했었다는 것도 사실이다.

노무현, 이재명으로 부각된 공동체 형성의 정치

노무현 전 대통령을 권력의 중심에 둔 이후, 한국 사회 및 정치 전반에 놀랄 만한 변화가 일어났다. 하지만 그렇다고 해서 딱히 한 눈에 보이는 그 무언가 이루어진 것도 없어 보인다. 물론 '조·중·동·문(조선일보, 중앙일보, 동아일보, 문화일보)'으로 지칭되는 대표적인 보수 편향의 신문사들이 사실을 왜곡하고, 뒷북치며 사사건건 딴죽을 걸며, 국민에게 양치기 소년 노릇을 해온 탓이기도 하다. 그 끝없는 왜곡과 근거 없는 소설 창작에도 불구하고, 묵묵하게 공동체 형성을 지향해온 이 땅의 소중한 민주주의 역사가 바로 노무현 대통령의 5년이었다. 다만 그 변화는 밑둥치부터 뿌리째 흔드느라고 좀 더뎌 보일 뿐이었다.

우리는 다시 새로운 얼굴 이재명을 만났다. 소년공이 가난을 헤치고 인권 변호사가 되고, 성남시장을 거쳐 경기도지사에 당선되어 공동체 형성을 향한 정치의 가능성을 보여주었다. 급기야 지나 2022년 대통령 후보가 되었고, 그 후 더불어민주당의 대표로서 역할을 하고 있다. 현 정부의 정적 죽이기의 표적이 된 그를 향해 검찰은 있지도 않은 증거들을 가지고 코에 걸면 코걸이, 귀에 걸면 귀걸이 식으로 각색을 하느라 야단법석이다. 이재명 대표가 푯대로 삼은, 그 정치적 지향점이라고 말할 수 있는 '억강부약抑强扶弱'과 '대동세상大同世上'은 노무현 전 대통령이 이루고자 했던 '사람 사는 세상'과 닮았다.

우리는 이 두 사람의 정치관처럼 연대와 배려를 역설하는 공동체 형성의 정치에 주목해야 한다. 요즘 흔히 일컫는 사회적 자본(social capital), 즉 소통, 협력, 신뢰라는 가치들과도 일맥상통하는 정치관이다. 더 좁혀서 본다면 기본소득, 기본금융, 기본주택 등이 보장되는 기본사회도 공동체 형성의 정치와 맞닿아 있다.

지금 우리는 벼랑 끝에 내몰린 더 많은 사람을 보듬어 안는 정치가 필요하다. 2등 시민으로 전락한 비정규직 노동자들, 가난에 못 이겨 거리로 내몰리고 목숨을 내놓는 빈곤층, 줄 세우고 서열화된 교육 체제 때문에 고통받고 있는 젊은이들, 한강의 기적을 이루고도 몇천 원 벌기 위해 박스를 찾아 이 골목 저 골목 떠도는 어르신들 등등. 민주와 정의로 무장한 사람들이 최전방에 배치되어 우대받는 공동체의 완성이 바로 우리가 지향해야 하는 정치이다. 그것이 '사람 사는 세상'이자 곧 '대동세상'이다.

정치는 본래 국민의 마음을 어루만지고 국민에게 봉사하는 일이다. 인격 도야와 애민愛民정신도 없이 서민과 중산층의 목소리에 귀 기울인다는 말은 한낱 공허한 구호에 불과하다. 친일 세력의 청산, 안하무인격 수구 언론들의 오판과 무도한 검찰 세력의 만행을 바로 잡고 척결하는 것이 작금의 정치적 과제이자, 한반도 평화 정착이라는 시대적 과제가 아니겠는가. 이에 도전하여 고통과 인내를 감행하는 것은 어찌 보면 무모한 정치인만이 해낼 수 있는 일일 터이다. 하지만 그 도전이 사람들을 움직일 때 감동의 정치가 된다. 감동의 정치는 시대를 바꾸는 기폭제다. 이제는 서민과 중산층에게 감동을 주는 정치를 시작해야 할 때다.

공포와 희망, 무엇을 택할 것인가?

영국에 머물던 있던 시절, 스코틀랜드 고지대(High Lands)를 여행할 때마다 자연의 아름다움이 공포로 다가올 때가 있었다. 열심히 차를 달리다 잠시 멈춰 뒤돌아보면 작은 산맥들이 겹겹이 줄지어 서 있는 광경 눈에 들어와 소스라치곤 했다. 음산하고 축축했고 겁이 났다. 그런데 어찌 된 영문인지 그것들이 아름답다고 느껴지는 순간 콧잔등이 시큰했다. 그것은 두려워하면서 공경하는 것, 즉 외경畏敬이 아니었을까

지금 이 나라의 야당을 대표하는 더불어민주당에서 벌어지는 난장판 또한 공포에 기인한다. 혁신이 실패할 거라고 당 대표를 끌어내리려는 이들의 행태는 행여 자신들의 입지가 허물어질

수 있다는 공포심의 발로로 여겨진다. 시도 때도 없이 당에 먹칠을 해대는 그들은 당내에서 자신들이 소수 계파에 소속되었다는 것을 자발적으로 시인하고 있는 셈이다. 그러니 사흘이 멀다 하고 비슷한 사람들이 수사만 조금씩 달리할 뿐 같은 얘기를 반복하는 것이다.

이런 부류의 인사들, 소위 '비명계'로 불리는 그들을 다 합친다 한들 과연 몇 명이나 될까? 당 대표를 뽑은 후 12개월 동안 방송과 언론이 더불어민주당을 두고 '파행', '내홍', '분열', '탈당', '신당' 등의 꼬리표를 만들어 선무당처럼 나대고 있다. 반복되는 그 주술에 국민의 일부는 홀리기도 하고 소수 계파 인사들은 종편에 나가 북 치고 장구 치니, 또 그 장단에 춤을 추고 있다. 그야말로 어처구니없는 일이다.

이재명 당 대표를 표적으로 사법 리스크를 늘어놓고 제멋대로 주무르려는 검찰독재 정권의 오늘을 본다. 우리는 이재명 살리기의 한길에 모두 나서야 한다. 그것이 올바른 정치로 민주주의를 회복하는 길이다. 같은 길을 걷겠다고 약속한 사람들이 이제 막 실천하려고 하는 혁신 앞에서 섣부르게 "실패했다"고 떠드는 것은 착각이자 무지함이며 자해나 다름없다. 제대로 된 설명은 못하고 그저 앵무새처럼 떠들어댄다고 그게 대수는 아니다. 국민 중에도 혁신을 잘못했다고 말하는 이들도 있다. 아직 시작도 하지 못했고 어떤 결과가 일어나지도 않은 상황에서 역성 먼저 낸다면 그 또한 아니 될 일이다. 그게 지나친다면 결국엔 누가 그대들을 편들고자 하겠는가.

그렇다고 오해하지 마시라, 이재명 당 대표가 추구하는 혁신에 반대하라는 사람들은 다 나가달라는 그런 얘기가 아니다. 진심으로 고백하건대 지금 내가 던지고 있는 화두의 깊은 뜻은 서로의 차이를 인정하고 정정당당하게 당원들을 보고 국민을 보고 함께 가자는 말이다. 공포恐怖에 기대지 말고 희망希望에 기대자는 말이다. 설령 그 강인함에 겁이 나고 미운 구석이 있다 한들 지금 제 맘대로 권력의 칼을 휘두르는 현 정권의 수장과는 분명하게 다르지 않던가. 얽히고설킨 과거사가 마치 치부처럼 드러난 것일 뿐, 이재명의 정의와 혁신은 인정해야 하지 않겠는가.

영화 〈말죽거리 잔혹사〉의 한 장면처럼 모두 옥상에 올라가서 한판 붙자는 얘기가 아니다. '정치'라는 대의명분 아래 날 선 토론은 벌인다 하더라도 서로를 향해 침 뱉고 욕지거리 날리는 양아치 짓거리는 이제 중단해야 한다.

다가오는 총선과 연이은 대선을 앞두고 더불어민주당 가족 우리 모두는 힘들고 어려운 가시밭길이 있다 할지라도 일단 함께 가자. 이탈자 없이 무조건 가야 한다. 가다 보면 모두가 승리자가 되고, 그 과정에서 오해를 불식하고, 이해를 넘어 신뢰를 쌓으면 사랑이 깊어진다.

이제 우리는 헤진 깃발 들고 통 큰 정치를 했던 김대중, 노무현의 길로 가자. 감동의 정치를 복원시키자. 서로에게 공포가 아니라 서로에게 희망이 되는 정당으로 함께 가는 것이다. 서로 끌어안을 준비를 단단히 해야 할 때는 바로 지금이 아니겠는가.

참지도자론의 좌표론이란?

어처구니없지만 모든 탓을 대통령에게로 돌린 적이 있었다. 노무현 전 대통령 임기 말에 대통령 지지도가 하향곡선을 그리고 있을 때 그랬다. 하다못해 동네 강아지가 깨갱거려도 노무현 탓이고, 축구를 하다가 한 골 먹어도 노무현 탓이라고 했다. 그 당시 야당이었던 한나라당은 '잃어버린 10년' 운운하며 정권 재탈환을 위해서 노 대통령을 조롱하고 보수언론 조중동은 연일 '맹공'을 퍼부었다. 여당이었던 열린우리당 인사들은 노 대통령 치세에서 장관직도 하고 당의 요직까지 차지했음에도 불구하고 당을 해체하자는 식의 헛소리까지 날렸다. 바로 그때 노무현 대통령은 여야 정치 지도자들에게 '참지도자'란 어떤 정치인을 말하는지에 대해 좌표를 제시했다.

첫째, "지도자는 주위를 기웃거리지 말고 과감하게 투신해야 한다."고 했다. 권력의 자리는 만만한 자리가 아니라 목숨을 걸고 투신해야 할 자리다. 또 하늘이 도와야 하는 자리이기에 이 눈치 저 눈치 보며 될 성싶으면 덤비고 아닐 성싶으면 발을 빼는 정치인은 안 된다는 뜻이다. 나섰다가 안 되면 망신스러울 것 같으니 한 발만 슬쩍 걸쳐놓은 정치인도 참 정치인이 아니라고 꼬집었다.

둘째, "저울과 계산기는 미련 없이 버려야 한다."고 했다. 정치는 남으면 하고 안 남으면 안 하는 장사치의 몫이 아니다. 오로지 공익을 위해 헌신하고 봉사하는 일이라고 말했다. 대가를 바라고 하는 일이 아니라 그 자체로 보람을 찾아야 하는 일이기에 먼저 헌신하면 결과는 자연히 따라오게 마련이라는 것이다. 반사적 이익만으로 정치를 하려고 해서는 안 되며 대안도 없이 국민의 불만에 편승하거나 우물우물 국민의 오해와 착각을 이용하려고 해서도 안 된다고 했다.

셋째, "소신을 밝혀야 한다."고 했다. 무엇을 이루려 하는지, 뜻하는 바를 국민 앞에 분명하게 밝혀야 한다는 것이다. 나라를 위해 이루고자 하는 간절한 소망이 무엇이고, 어떻게 이룰 것인지를 분명히 밝혀 국민의 선택을 받아야 한다고 했다. 무엇보다도 오늘날 시대정신이 무엇인지 읽을 줄 알고, 우리가 도전하고 해결해야 할 역사적 과제가 무엇인지 소상히 밝혀야 한다고 강조했다. 또

| 공포와 희망 중 무엇을 선택할 것인가? 대한민국의 지조와 격조를 회복할 때다.

지나온 인생역정을 투명하게 밝히고 잘못한 일은 솔직히 고백하고 남의 재산을 깔고 앉아 있는 것이 있으면 돌려주고 국민의 지지에 호소해야 한다고 말했다.

지금 다시 돌아보아도 노무현 전 대통령은 정치가이기 이전에 사상가였음이 분명하다. 한 나라의 지도자가 되려면 경륜도 중요하고 세력도 중요하지만, 무엇보다도 공동체가 나아갈 비전을 가지고 있어야 한다. 그 비전은 똑똑한 참모들의 문장 실력이나 미사여구에 의존하지 않는다. 한 정치인의 살아온 정치 행보에 고스란히 스며들어 있다.

참지도자가 국회의원이 되고 대통령이 되는 사회에 살고 싶다. 경제는 선진화되고 있는 마당에 정치만 구태의연한 이념 정치, 지역 정치, 패거리 정치의 '후진'에 머물러서는 안 될 일이다. 대안도 없이 국민의 불만에 편승하거나 국민의 오해와 착각에 기대는 정치인은 청산의 대상이다. 인기에 연연하고 운 좋게 얻어먹을 빵이나 기대하며 배우 노릇을 하는 정치인은 중도하차시켜야 맞다. 시대정신을 망각한 나머지 제가 살아온 시절의 경험만으로 일관하는 정치인도 마찬가지다.

백마를 타고 올 초인을 기대하지는 않는다. 그냥 필부에 불과할지라도 너와 내가 혼신의 힘을 쏟아부을 지도자를 바라볼 일이다. '투신하고', '계산하지 않는' 또한 '투명한' 지도자를 바라볼 일이다. 진정성을 가지고 공익에 몸 던질 지도자를 가려내야 한다. 간절함을 가지고 국민만 바라보는 지도자를 선택해야 한다.

지조와 격조가 되살아나길

대학 캠퍼스가 젊음과 꿈의 상징과는 딴 판이었던 시절이 있었다. 1980년대 광주민주화항쟁 이후 대학 캠퍼스는 사복경찰들이 그물망처럼 잠복하고 자유를 옥죄고 있는, 긴장과 공포가 도사리는 공간이었다. 강의실마다 잔디밭마다 도서관마다 그들이 앉아 있었다. 시위를 하더라도 목숨을 걸어야 했다. 독재자 전두환이 강압 통치로 대학을 짓누를 때 학생들은 등사기로 한 장 한 장 인쇄한 "민중을 구합시다!"라는 유인물을 교내 곳곳에 뿌렸다. 간혹 용맹한 청년들은 커다란 편백 나무 밑둥지에 불을 지르고 구름 걸린 나무꼭대기로 올라갔다. 메가폰 하나 달랑 들고 매달려서 목이 터져라 '민주'와 '자유'를 외치면 소화기로 불을 끄기도 전에 수천 명의 학생이 스크럼을 짜고 시위를 시작했다. 하지만 한 시간도 채 안 돼 진압되기 일쑤였다.

광포한 독재 시대의 한 단면이다. 청년의 눈으로 돌이켜보면 그 시절은 드높은 격조가 돋보이는 '지조'의 시대였다. 시대와 역사를 부여안고 독재의 철벽에 머리를 차돌멩이 삼아 맞부딪히며 흔쾌히 목숨 내놓을 수 있는 뜨거운 시대였다. 질곡보다 깊은 역사의 수렁에 몸을 던진 이들이 한둘이 아니다. 군홧발로 정권을 탈취하고, 생떼 같은 목숨을 지푸라기처럼 훅훅 불어 날려버리던 시대였다. 양복보다는 철모가 멋져 보이는 불한당들은 제멋대로 국민에게 행패를 부리고 여차하면 두들겨 패고 감금하고 고문을 해도 된다는 착각 속에 있던 시대였다.

그로부터 40여 년이 훌쩍 지났다. 지금은 누가 봐도 민주주의의 시대다. 그런데 오늘의 현실을 두 눈 똑바로 뜨고 바라보면 참담하기 그지없다. 어찌 된 영문인지 시대가 거꾸로 돌아간 듯하다. 40년 전 공포의 대상이었던 철모 쓴 그들보다 인권을 짓밟는 데에 있어서 결코 덜 하지 않는 검찰의 세상이다. 넥타이 매고 감색 양복 멋들어지게 입고 때로는 제법 폼나는 뿔테 안경까지 걸치고선 나라를 통틀어 저들 맘대로 들쑤시고 있다. 용와대(?)에서, 정부청사에서 또 여의도 국회에서도 그들이 득실대고 있다. 군홧발로 국민을 짓밟던 그들보다 더 교묘하고 더 그럴싸하게 국민을 못살게 굴고 있다.

지금 현 정권에게 격조와 지조를 기대한다면 그야말로 언감생심이다. 하지만 그래도 기본은 있어야 하지 않겠는가. 입으로만 '국격'을 떠들어대며 교양 있는 듯한 얼굴로 활짝 웃으면서 뒤로는 자식들, 친척들, 가까운 사람들 다 한 자리씩 앉혀 주고 있는 허무맹랑한 무리이다. 하지만 역사는 흐른다. 언뜻 보면 거꾸로 가고 비껴가는 듯 보여도 큰 물줄기는 의연하다. 그래서 역사는 역사인 게다.

나랏일 맡은 인물일수록, 사회 지도층일수록 수신제가修身齊家하고 검약하게 살아 모범을 보여야 마땅하다. 조선 시대까지 갈 것 없이 구한말과 을사늑약 이후만 뒤돌아봐도 그들은 달랐다. 격조 높은 양반들의 독립과 해방의 드높은 대의에 온 집안이 하나 되어 남부여대男負女戴하여 북만주 허허로운 벌판을 풍찬노숙하며 헤매며 독립운동에 앞장섰다. 더러운 친일파들에게 절창의 시를 쓰고선 무거운 돌 목에 매달고 깊디깊은 연못에 목숨 던지기도 했다.

하지만 그와는 정반대의 길을 걸었던 이들이 있었다. 나비넥타이를 매거나 일본식 모자 하나 걸치고서 영원한 제국 일본의 번영을 간절히 소망했다. 일본인보다 더 조선사람을 못살게 굴었던 친일 부역 세력이 그들이다. 그들은 일제강점기에는 재산을 끌어모으고 해방 이후에는 미국에 빌붙어 공의롭지 못한 재산을 기반으로 귀족행세하고 거드름 피우며 자식들 미국 보내고 유럽으로 보내 공부시켰다. 유학 후 돌아온 자식들은 정부 요직에 한 자리 차지했고, 그 아버지에 그 아들이 되었다. 그들 또한 아들과 딸도 모자라 조카까지 평생 먹고살 만한 넉넉한 자리 하나 정도야 마련해주어야 그게 도리라고 여기고 그 짓을 감행한다. 지조와 격조를 상실한 군상들이 지금 윤석열 검찰독재 정권 아래에서 본색을 드러내고 있다.

그들에게 조국이니 역사니 하는 것은 관심 밖의 일이다. 국민 세금 몇십조 원을 들여서 자기네들 배만 불리고 있다면 지나친 말일까. 국민뿐만 아니라 국격도 역사도 괴롭힘을 당하고 있다. 지조와 격조가 되살아나는 그 날이 오길 지금 나는 간절히 기도한다.

둘. 기본사회로 가자

사회권적 기본권이 실현되는 되는 사회

대한민국은 민주공화국이다.
대한민국의 주권은 국민에게 있고, 모든 권력은 국민으로부터 나온다.

우리 헌법은 처음을 이렇게 명시하고 있다. 그렇다면 정치인은 주권자인 국민의 대리인이다. 국민이 정치인에게 맡긴 권력은 오직 국민을 위해서만 사용하여야 한다는 뜻이다. 서러운 국민에게 어깨를 내어주고 절망하는 국민에게 살아갈 희망을 품게 하는 것이 곧 정치의 본령이자, 정치인의 역할이다. 이러한 전제에서 우리 사회의 약자도 국민으로 대우받는 세상을 만들어가는 제도가 바로 '기본사회'이다.

다시 말하지만, 헌법에 보장된 사회권적 기본권이 실현되는 사회가 기본사회이다. 사회권적 기본권은 복지국가에서 국민이 인간다운 생활을 영위할 수 있도록 국가가 일정한 물질적 급부와 배려를 제공하도록 보장하는 기본권이다. 국민은 이 권리에 근거하여 국가에 물질적 급부와 배려를 요구할 수 있다.

우리 헌법에서 사회권적 기본권은 제10조 '인간의 존엄과 가치 및 행복추구권', 제31조 '교육을 받을 권리', 제32조 '근로의 권리', 제33조 '노동3권', 제34조 '인간다운 생활을 할 권리', 제35조 '환경권과 주거권', 제36조 '모성보호 및 보건권' 등에서 보장되고 있다. 헌법 10조의 '행복추구권'과 헌법 34조의 '인간다운 생활을 할 권리'가 곧 사회권의 정점이다. 이것이 기본사회의 요체다.

지금 우리 사회는 헌법에 보장된 사회권 기본권이 현실에서 제대로 실현되지 못하고 있다. 실현되지 못한 사회권적 기본권이 실현되는 되는 사회가 기본사회이다. 모든 국민이 소외되지 않고 기본적인 삶을 영위하도록 만들 때 정의가 강물처럼 흐르는 세상이 될 것이다. 그것이 바로 노무현 전 대통령이 말하던 '사람 사는 세상'이고, 이재명 대표가 주장하는 '대동세상'이다.

변화된 현실에서 기본사회의 근본 제도는 무엇일까? 나는 그것을 기본소득이라고 생각한다. 이제까지와는 달리 가난을 증명한 사람만 지원하지 않고, 모두를 지원한 후에 불필요한 몫은 회수한다면 어떤 일이 벌어질까. 재정 부담은 같지만, 국민의 삶에는 큰 변화가 나타날 것이다. 탈락이 두려운 노동 회피가 없어질 것이고, 생활 수준을 증명할 필요가 없어서 낙인효과도 없다. 소득은 적지만 만족도가 높은 일자리가 많이 생길 것이다.

복지의 사각지대에서 극단적 선택을 해야 했던 수원의 세 모녀나 배가 고파서 달걀 한 판을 훔치고 감옥에 가야 했던 사람들에게는 죽고 사는 문제를 해결하는 길이기도 한 것이다. 그래서 우리의 미래는 최소한의 삶을 지원받는 사회가 아니라, 기본적 삶을 보장받는 '기본사회'여야 한다고 본다.

기본사회의 핵심은 최저한의 삶의 수준을 넘어서 적정한 수준까지 국민 삶의 수준을 보장하는 데 있다. 기본사회의 한 축인 기본소득은 우리 헌법 제10조 행복추구권에 근거한 것이며, 헌법 제119조에서 언급하고 있는 국민의 경제적 기본권에 해당한다.

기본소득은 국가 또는 지방자치단체가 모든 국민에게 개별적으로 무조건적으로 지급하는 소득을 의미한다. 우리는 4차 산업혁명 시대를 맞이하여 고용 불안과 저성장이 일상이 되는 뉴노멀New Normal 시대에 살고 있다. 기본소득은 이러한 불평등을 완화하고 빈곤을 개선할 수 있다.

기본소득은 2006년 기본소득 지구 네트워크BIEN에서 논의가 시작됐다. 한국의 경우 2017년 현 더불어민주당 이재명 대표가 기본소득을 최초로 제안하였다. 이재명 대표의 경기도지사 시절 '청년기본소득' 정책으로 현실화되었고, 2022년 대선에서는 더불어민주당의 공약으로 정식 채택되었다.

기본소득을 둘러싸고 막대한 재원 조달의 문제와 노동하지 않는 사람에게 소득을 지급하는 것이 노동시장의 이탈을 가속화할 것이라는 예측을 놓고 논쟁이 계속되고 있다. 국민의힘에서도 이러한 이유로 기본소득에 대해 반대하고 있다. 그러나 역설적으로 2022년 대선 당시 국민의힘에서도 노인 70%를 대상으로 기초연금 40만 원 인상을 공약했었다. 윤석열 정부 출범 1년을 맞이하는 지금까지 기본소득이나 기초연금에 관한 정책적 비전에 대해 언급조차 없는 실정이다.

기본소득에 소요되는 재원 충당을 위해 탄소세, 토지보유세, 횡재세 등 다양한 논의가 이루어지고 있다. 그중에서도 '공유부형 기본소득'은 조세저항을 최소화하는 새로운 대안일 수도 있다. 공유부형 기본소득은 대규모 인프라 투자를 통한 사회적 투자, 재생에너지나 천연자원 등을 활용한 배당형 기본소득을 말한다.

공유부형 기본소득은 각 지자체가 가지고 있는 공동 자원을 활용하여 수익을 발생시키고, 그 수익을 해당 지역 주민에게 배당하는 방식을 의미한다. 따라서 공유부형 기본소득은 정부 예산에 의존하지 않고 지자체별로 다양한 공유부 창출이 가능한 구조다.

그 실례로 신안군은 태양광발전으로 생기는 이익을 주민들에게 기본소득을 나누어 주고 있다. 4개의 섬 안좌도, 자라도, 사옥

생존을 위한 '최소한의 삶'이 아니라 '기본적인 삶'이 보장되는 사회로 대전환을 고민해야 한다.

도, 지도읍까지 확대하여 평생 연금으로 분기별 1인당 65~11만 원의 배당금을 지급하고 있다. 최대 4인 가족에게 3달에 1번씩 240만 원, 최소 44만 원을 지급하고 있고 앞으로 더 확대해나갈 계획이다.

2023년 2월 신안군을 방문하여 박우량 군수를 만나서 안좌도 태양광발전소를 직접 둘러보기도 했다. 여의도 정도 되는 크기의 매립지에 태양광 패널을 설치했다. 농사도 지을 수 없는 개펄 매립지 황무지를 재생에너지의 옥토로 바꾸어놓았다. 태양광발전을 통해 신안군민에게 공유부형 기본소득을 나누어 주고 있는 현장이었다. 신안군은 버스 공영제를 실천하여 전 주민이 무료로 이용하며 햇빛연금을 지역화폐로 나누어 줌으로써 지역 경제가 살아났고 인구도 늘고 있다.

이미 선진국에 진입한 경제력과 앞으로 더 높아질 과학 기술력과 생산력을 고려한다면 우리나라는 국민의 기본적 삶을 책임질 충분한 역량을 갖추고 있다. 선진국에 비해 크게 부족한 복지를 확대하는 과정에서 얼마든지 더 효율적인 제도를 설계·실험·정착시킬 수 있을 것이다.

지금은 기본사회 30년 준비하고 시작해야 할 시간

한국은 해방 후 이뤄진 전격적인 농지개혁이 새로운 사회 발전의 기반이 되었고 산업화로 고도성장을 이뤄냈고, 세계에 자랑할 민주국가로 우뚝 섰다. 하지만 다시 불평등과 양극화, 이로 인한 효율성 저하로 성장은 지체되고, 갈등과 분열의 각자도생 사회로 가고 있다. 이제부터는 우리가 지나온 산업화 30년, 민주화 30년을 넘어 내일의 우리 사회인 기본사회 30년을 새롭게 시작해야 할 때이다.

소득, 주거, 금융, 의료, 복지, 에너지, 통신 같은 모든 영역에서 국민의 기본적 삶이 보장되도록 사회 시스템을 바꿔가야 한다. 출생부터 사망까지 기본적 삶이 보장되고 미래와 노후의 불안이 사라져야 실력과 노력으로 성공하는 사회, 재난이 닥쳐도 걱정 없는 사회가 가능해진다. 자녀가 내 삶의 짐이 되지 않고, 나보다는 더 나은 삶을 살 것이라는 믿음이 있어야 아이도 낳고 행복한 미래도 꿈꾸지 않겠는가.

4차 산업혁명 시대는 이미 시작됐다. AI가 현실화된 지금부터는 시간이 흐를수록 일을 원하는 사람 모두가 일할 기회를 충분히 갖기 어렵다. 노동이 생산의 주력이던 시대에 합당했던 사회 제도는 기술이 생산의 주력이 되는 시대에서 제대로 작동하지 못

한다. 이제부터는 생존을 위한 '최소한의 삶'이 아니라 '기본적인 삶'이 보장되는 사회로 대전환을 고민해야 한다. 기본사회 정책은 우리 대한민국에 새로운 활력을 불어넣을 것이다. 부담자와 수혜자가 분리되지 않고 모두가 수혜자인 기본사회 정책은 '부담 집단'과 '수혜 집단'의 갈등을 최소화할 것이다.

미래 사회에는 로봇이 일자리를 빼앗지만은 않는다. 기술 변화가 노동력을 덜 필요로 하는 경제를 창출하면서 경제의 기본 속성을 바꿀 것이다. 모두의 몫을 모두에게 돌려줘야 한다는 철학을 기본으로 하는 기본사회 정책은 '필요'가 아니라 우리 모두의 '권리'이다. 기본사회 정책은 빈곤을 낮추고 소비를 늘린다는 점에서 '비용'이 아니라 '투자'다. 소상공인, 자영업자, 프리랜서, 일용직 불안정 노동자, 창업가, 시간제 근무자 등 보통 사람들에게 자유의 수단과 조건을 제공해서 우리가 누려야 할 자유를 실질적으로 만들자는 것이 그 취지이다.

기본사회 정책들은 불평등을 완화하고 사회 혁신을 촉진할 수 있다. 첨단 기술이 인간을 위해 복무하게 함으로써 인간적인 자본주의를 실현하고 우리 자신들과 우리 아이들의 미래까지 충실하게 대비할 수 있게 할 것이다. 일자리 없는 시대, 기후위기 시대, 성장하지 않는 경제 시대에 '기본사회'는 우리나라가 지향해야 하고 꼭 이룩해야 할 대한민국 공동체의 도달점이다.

기본사회는 최소한의 삶을 뛰어넘어 기본적인 삶이, 모두에게 보편적으로, 낙인효과 없이 존엄하게, 공정하고 지체되지 않게, 노동 유인 감소 없이 효율적으로, 종착점이 아니라 출발점에서, 시혜가 아니라 권리로서, 지역 간 차별 없이 균형 있게, 세대 간 차별 없이 지속 가능하게 보장되는 사회이다.

이와 같은 기본사회를 만들기 위해서는 첫째, 보편적, 개별적, 무조건적으로 지급되는 기본소득이 보장되어야 한다. 둘째, 필요한 모든 사람에게 차별 없이 주거, 의료, 교육, 교통, 통신, 금융 등의 기본서비스가 제공되어야 한다. 셋째, 시장에서 모든 사람이 동등한 교섭권을 갖고 경제활동을 하도록 하는 '을 기본권' 등이 보장되어야 한다. 넷째, 기본사회의 권리들이 지역 간 차별 없이 보장되는 지역 균형 발전이 추진되어야 한다. 다섯째, 기본사회의 권리들이 세대 간 차별 없이 보장되는, 탄소 중립 달성과 지속 가능한 발전이 추구되어야 한다.

기본사회는 디지털 인공지능 기술 혁명, 기후위기, 국제 질서의 개편이라는 역사적 대전환의 시기에 지나친 불평등을 극복하고, 기후 재앙을 막아내고, 강자 주도의 냉엄한 국제 환경 속에서 쇠퇴하지 않고 발전할 수 있는 경로이다. 우리가 기본사회를 만드는 데 성공해야, 우리 후손 세대가 이 땅에서 안정된 삶을 살아갈 수 있다.

나는 확신한다. 기본사회는 가능하며 기본사회는 국민이 행복하다는 것을. 기본사회를 위해 이미 많은 여건이 준비되어 있기에, 그 사회로 가는 길이 열려 있다고 본다.

셋. 한반도 평화를, 평화 선도 도시 의정부를 그리다

평화를 구축하는 게 우선이다!

시대가 변하는 지금 우리가 가장 천착해야 하는 문제는 평화다. 선제타격을 운운하며 한반도를 전쟁의 도가니로 몰아가고 있는 윤석열 정부의 대북 기조는 반反평화다. 한반도의 평화는 우리나라가 경제적으로도 부강해지는 길이다. 평화는 곧 '안정과 번영'의 바탕이다. 국민의 안정된 일상과 국가의 안전을 담보하고, 더 나은 미래를 꿈꿀 수 있게 하는 번영의 동력이다.

평화와 통일은 우리 민족의 숙명이다. 평화와 통일 앞에는 그 어떤 사리사욕도 끼어들어서는 안 된다. 한반도 평화와 통일을 위한 담대한 걸음을 온 국민이 함께 내디뎌야 한다. 평화는 안정된 우리의 내일을 보장받는 '밥'이다. 개성공단을 다시 열고 철도를 연결하면 우리나라가 지금의 경제 위기를 극복하는 길이 자연스럽게 열린다. 평화경제가 지금의 민생파탄, 외교참사로 추락 직전에 위태롭게 서 있는 국가적 위기를 극복하는 길이라고 생각한다.

지금까지 어느 정부에서든 한반도의 비핵화를 목표로 삼고 남북관계를 바라보았고, 또 비핵화만이 모든 것을 해결할 수 있다는 잘못된 인식이 팽배해 있다. 비핵화만 해결하면 많은 일이 진척될 거라고 생각한다. 하지만 그 틀에 지나치게 얽매이면 남북관계 개선을 위한 발걸음은 단 한 발짝도 내디딜 수 없다. 착각하지 말라, 평화를 구축하는 게 우선이다! 비핵화 프레임을 앞서는 것이 평화 프레임이다. 비핵화는 평화의 틀에서 저절로 생겨나는 결과일 뿐이다. 따라서 평화 프레임을 먼저 장착하면 비핵화는 저절로 해결된다.

개성공단 재개를 향하여

오늘의 냉각된 남북관계를 풀 수 있는 열쇠이자 평화 프레임을 가져오는 첫걸음은 바로 개성공단 재개이다.

경기도 평화부지사 시절이던 2020년 11월경 나는 개성공단 재개 선언을 촉구하는 '평화부지사 집무실 이전'을 실행으로 옮겼다. 그때 〈우리 땅, 우리의 평화, 우리 손으로〉라는 제목으로 국민을 향해 호소한 글을 직접 써서 언론에 공개하기도 했다.

저는 오늘 한반도 평화의 시계를 평화와 번영의 시간으로 되돌려야 한다는 절박함으로 통일대교 앞에 섰습니다. '남북의 시간'입니다.

다시 평화의 봄을 불러오기 위해선 한반도 운명의 주인인 남과 북이 먼저 나서야 합니다. 남북 양측 정부에 개성공단 재개 선언을 제안합니다.

오늘부터 저는 개성공단이 바라보이는 도라전망대로 집무실을 옮기고자 했습니다. 매일 개성공단을 보며 출근을 하고 개성공단 재개 선언을 위한 국민의 의지를 도라전망대로 모아보고자 했습니다. 그러나 유엔사가 막아섰습니다. 관리 주체인 파주시와 관할 부대인 1사단의 협조를 구했으나 유엔사 승인이 떨어지지 않았다는 이유로 불허되었습니다. 우리 땅인데 유엔사의 허락 없이는 책상 하나, 의자 하나 들어가지 못합니다. 참담합니다.

유엔사의 부당한 주권 침해 행위에 유감을 표합니다. 정전협정 어디에도 유엔사에 이러한 권한이 있다고 명시되어 있지 않습니다. 이번 일을 계기로 우리 국민은 누가 남북화해와 한반도 평화를 가로막고 있는지 똑똑히 알게 되었습니다.

임시방편으로 임진각 평화누리공원에 현장 집무실을 마련했습니다. 남북 개성공단 재개 선언 촉구와 유엔사의 주권 침해적 출입승인권 남용 규탄에 집중하겠습니다.

개성공단 재개와 한반도 평화를 바라는 분이라면 언제든 임진각 평화누리 현장 집무실로 달려와 주십시오. 우리 땅인 도라산 전망대 문부터 열고 개성공단의 문까지 활짝 열어젖힙시다.

2020년 11월 9일

경기도 평화부지사 이재강

개성공단 재개 선언을 촉구하는 1인 시위를 43일간 개성공단으로 통하는 입구인 통일대교 앞에서 진행한 데 이어 그해 12월 15일에는 통일대교 0.9km 구간에서 개성공단 가동 재개를 촉구하는 '삼보일배'를 하기도 했다. 행사에는 개성공단 입주 기업과 시민·사회단체들이 동참했다. 이날 임진각 일대는 영하 13도의 매서운 추위가 몰아닥쳤다.

12월 15일은 개성공단의 역사 관점에서 볼 때 큰 의미가 있는 날이다. 2004년 개성공단에서 처음 북한 노동자들이 만든 제품 '통일 냄비'가 생산된 날이다. 통일 냄비 1,000개는 서울의 한 백화점에서 순식간에 모두 팔렸다. 당시 개성공단의 북한 노동자는 250명이었다. 10년 뒤인 2014년 개성공단의 북한 노동자는 5만 3,000여 명에 달했다.

개성공단은 남과 북이 상호 간 실리를 추구한 평화 프로젝트라는 상징성을 갖고 있다. 개성공단은 경제적 실익 이상의 상징

개성공단은 한반도 경제 공동체의 실험장이자 작은 통일이 날마다 이뤄진 공간이었다. 개성공단은 재개는 한반도의 희망이다. 개성공단 재개 선언을 촉구하는 1인 시위를 43일간 개성공단으로 통하는 입구인 통일대교 앞에서 진행했다.

가치를 가지고 있다. 그것은 평화의 상징이다. 상징이란 실질적인 효과를 기반으로 하되 그것이 영향을 미치는 범위가 해당하는 실재의 장을 넘어서는 또 다른 소통 기재로 작동하는 것이다. 즉 개성공단은 경제적인 협력만이 아니라 남과 북의 평화 공존 노력을 행동으로 옮겼다는 의미를 담고 있다.

개성공단은 단순한 공장 집약 단지를 뛰어넘는 깊은 의미가 있다. 한반도 경제 공동체의 실험장이었으며, 한때 남북의 노동자들이 함께 어울려 일하는, '작은 통일'이 날마다 이뤄진 공간이기도 했다. 2016년 2월 박근혜 정권의 오판으로 개성공단이 폐쇄된 지 빌써 8년째로 접어든다. 개성공단이 폐쇄되면서 한반도 평화도 후퇴했다.

개성공단이 조성되면서 북한은 군부대를 약 10km 뒤로 물렀다. 실제로 북한군 6사단, 64사단, 62포병여단 군 병력 2만 5,000명, 장사정포 방사포 400문이 송학산 너머로 물러갔다. 개성공단이 경제협력뿐만 아니라 평화를 담보하는 안보의 완충지대 역할도 한 셈이다. 2020년 당시 평화부지사로서 나의 소명은 간결하고 명료했다. 매일같이 작은 통일이 이뤄졌던 그 공간이 키운 통일의 불씨를 다시 살려내는 일이었다.

대북 전단 살포, 한반도 평화에 치명적 행위

개성공단 재개에 이어 추진될 두 번째 평화 프로젝트는 대북 전단 살포를 막는 일이었다.

경기도 평화부지사 재직 당시 이재명 지사의 전격적인 조치로 대북 전단 살포 행위를 엄단하고 접경지역을 위험구역으로 선포한 바 있다. 사상 처음으로 2020년 6월 17일 연천, 포천, 파주, 김포, 고양을 위험지역으로 설정하고 대북 전단 살포 관계자의 출입을 금지하였다.

실제로 경기도 접경지역 주민들은 지난 2014년 대북 전단 살포로 유발된 포격 사태를 겪었다. 당시 대북 전단 살포로 유발된 북측의 고사포 조준 사격으로 연천군 소재 면사무소에 탄환이 떨어져 주민들이 긴급히 대피하는 일도 벌어졌다. 우리 군의 대응 사격(K6 중기관총)이 이뤄졌고, 자칫 생명과 재산 피해를 넘어 심각한 군사 충돌로 이어질 뻔했던 아찔한 사건이다.

경기도는 대북 전단 살포 행위가 단순한 의사 표현을 넘어 군사적 충돌을 유발하는 위험천만한 위기 조장 행위라고 판단했다. 경기도의 제1 책무는 도민의 생명과 안전을 지키는 것이다. 경기도는 도민들의 생명을 위협하는 행위를 방치하지 않겠다는 일념으로 위험 상황이 재발하지 않도록 할 수 있는 모든 행정력을 동원했다. 적어도 경기도 일원에서만큼은 평화를 갉아먹고 무력 충돌을 조장하는 대북 전단 살포 행위가 일어나지 않도록 할 수 있는 모든 조치를 했다.

가장 먼저 도민 생명을 위협하는 대북 전단 살포를 예방하기 위해 '재난 및 안전관리 기본법'에 따라 접경지역 일부를 위험구역으로 지정하고, 대북 전단 살포자의 출입을 금지하는 등 예고된 불법행위를 원천 봉쇄했다. 경기도의 조치는 상존하는 위험을 감수하고 있는 주민들을 예상되는 위험으로부터 보호하기 위한 것이었다.

대북 전단 살포와 이에 따른 충돌을 '재난 및 안전관리 기본법' 상 '사회재난'에 준하는 사태로 판단했다. 이 법에 따르면 시장·군수는 재난이 발생할 우려가 있는 경우, 위험구역 설정(제41조)과 통행 제한(제43조)을 시행할 수 있고, 도지사는 필요 시 직접 이러한 응급조치(제46조)를 할 수 있다.

경기도는 남북 간 긴장의 크기와 주민들의 피해가 비례하는 지역이다. 북측이 대남 사업을 대적 사업으로 전환하겠다고 한 상황에서 대북 전단을 실은 풍선이 또다시 북측 지역으로 날아간다면 2014년 연천 포격 사태보다 더 위험한 상황을 초래할 수 있다. 북측이 도발 지점을 조준 타격할 경우 전시에 준하는 재난 상황이 발생할 수도 있다. 그 피해는 고스란히 우리 도민들에게 돌아갈 것이다.

경기도는 위험구역으로 설정된 지역에 경기도 특별사법경찰단을 투입하여 대북 전단 살포자를 현행범으로 체포, 수사기관에 인계, 입건하기도 했다. 불법행위를 막기 위해 동원할 수 있는 모든 공권력을 동원한 것이다. 이러한 '위험구역'의 지정은 전례가 없는 일이기는 하지만, 접경지역의 평화가 도민을 넘어 국민의 생명과 안전을 위한 것이라는 무거운 책임감으로 충분한 법적 검토를 거쳐 추진했다.

다음은 '옥외광고물법'과 '폐기물관리법' 등에 따라 미신고 전단과 쓰레기 무단 투기 행위를 원천 금지시켰다. 살포된 이후 지상에 떨어진 전단지는 폐기물과 다르지 않다. 환경오염 방지 등을 위해서도 '폐기물관리법', '경찰직무집행법' 등에 따라 풍선을 날리는 행위 자체를 제지하고자 했다. 또한, '옥외광고물법'에 따라 전단 살포 행위에 대해 중단 명령 조치를 예비했고. 위반 시 법에 따라 조치하기로 했다.

그리고 세 번째 조치로 경기도는 대북 전단 살포와 관련한 위법행위에 대해 사법당국에 적극 고발 조치하고, 엄중하게 책임을 물었다. 대북 전단 및 해안에 흘려보내는 페트병은 땅과 해양을 심각하게 오염시키는 쓰레기다. 이러한 오염 물질 배출 행위는 근절해야 한다.

남북관계가 여전히 답보 상태에 있던 2020년 5월 17일 자유북한운동연합은 북한의 코로나 상황을 이용해 전단 대신 코로나 방역물품을 날려 보내겠다고 했다. 코로나와 관련해 정부의 지원도 수용하지 않았는데 대형 풍선에 물품을 실어 날려 보낼 경우 북한이 순수하게 받아들일 수 있겠는가? 이미 2020년 6월 대북 전단 살포로 인해 의정부시의 가정집이 파괴되는 일이 있었고, 그 이전인 2014년에는 대북 전단으로 남북 간 군사 충돌 위기가 발생하는 등의 일을 겪어온 바 실질적인 위기가 우려된다.

남북 정상의 합의로 군사분계선에서의 적대행위를 중단하여 더 이상의 군사적 위험 요소를 없애기 위한 노력이 있었다. 하지만 일부 탈북민단체의 대북 전단 살포 행위로 경기도민이 생명과 안전에 위협을 받기도 하였으며, 이로 인해 접경지의 군사적 위기가 더욱 고조되기도 했었다. 이로 인해 접경지역의 경기도민이 피해를 받고 불안할 수밖에 없다.

윤석열 정부는 '대북 전단 금지법'이 경기도 접경지역 주민의 안전을 위해 꼭 필요한 법이 아니라며 잘못된 결정이라는 입장을 밝힌 바 있다. 또다시 남북 간 위기 상황이 매우 우려된다. 대북 전단을 살포한 단체가 대북 전단을 다시 살포하겠다고 예고하고 또 비밀리에 전단을 날려 보내고 있는 실정이다. 결국 가장 큰 피해를 보는 건 접경지역 주민들이다.

현행 '대북 전단 금지법'은 전단을 포함한 물품 등에 대한 살포를 금지하고 있다. 국민의 생명과 안전을 위해 어느 때라도 자유북한운동연합의 대북 전단 등의 살포를 사전에 적극 차단하는 것이 요구된다. 정부 당국은 접경지역 군사 긴장을 유발하는 '대북 전단 등 살포 행위'에 대해 적극 차단할 것을 촉구한다. 경기도는 DMZ를 경계로 남북이 맞닿아 있는 지역으로 군사적으로 위험이 상존한다. 남북 간의 군사적 긴장을 유발하고 평화를 해치는 어떠한 행위도 용납해서는 안 되는 곳이다.

하지만 2023년 9월 26일 '대북전단금지법'이 헌법재판소에서 위헌 결정이 났다. 한반도 평화에 찬물을 붓는 격이다. 소도 잃고 외양간도 부서질 판에 한반도 평화를 위협하는 '표현의 자유'가 무슨 소용일까?

평화경작지 쌀, 함께 먹는 날이 오길

또 하나의 평화 프로젝트는 연천에 있는 '평화경작지'이다.

2021년 6월 11일 연천 군남댐 홍수 조절지 민통선 안의 평화농장에서 모내기를 했다. 모내기 3주 전 평화경작지를 찾았을 때

평화경작지의 벼가 가을 황금 들녘에 비단처럼 물결칠 때 북녘의 농민들이 저 민통선 언덕을 넘어 숲을 헤치고 성큼성큼 도둑처럼 다가왔으면 좋겠다.

는 정글 같은 늪지대였지만 그 후 말끔하게 옥토로 바뀌었다. 전국농민회총연맹의 땀과 열정의 소산이었다. 순간 뭉클했다.

평화경작지를 만드는데 꼬박 6개월이 걸렸다. 2020년 겨울 43일간 임진각 바람의 언덕에서 개성공단 재개선언을 위한 평화부지사 집무실을 운영할 때 신성재 전농 부의장이 제안했던 사업이다. 관계기관들을 설득하고 사업을 주도하는 데 평화부지사 산하 평화협력국에서 애를 썼다. 1등 공신은 전농이고 경기도 농정해양국이다. 한정애 환경부 장관의 속 깊은 배려도 한몫했다. 전농에서 경남, 전북, 강원 등 전국에서 공수해온 물들을 경작지에 붓는 합수식을 하고 모를 심었다. 그날 심은 벼가 가을 황금 들녘에 비단처럼 물결칠 때 북녘의 농민들이 저 민통선 언덕을 넘어 숲을 헤치고 성큼성큼 도둑처럼 다가왔으면 좋겠다는 소망을 심었다.

오늘도 나는 남녘의 농민들과 북녘의 농민들이 연천 평화경작지에서 함께 추수할 수 있기를 손꼽아 기다린다. 연천 평화경작지가 남과 북이 농업의 공동 경작뿐만 아니라 하천의 공동 조사까지 실천하는 평화의 성지가 되었으면 하는 바람뿐이다. 지금은 9만 4,000평을 연천농민회에서 경작해서 해마다 19톤 정도의 벼를 생산하고 있다. 친환경으로 벼를 길러 수확한 쌀을 북한 주민들에게 인도적으로 지원하기로 되어 있다. 지금으로서는 북한에 전달하지 못하지만 계속해서 수익을 적립하고 있다.

남과 북의 농민들이 함께 모내기하고 수확해서 한 밥상에서 밥을 먹자고 만든 경작지가 요즘 불안하다. 남북관계가 경색됨에 따라 평화경작지의 존재 여부가 위태로울지도 모른다. 더욱이 통일부를 없앨지도 모르는 윤석열 정부라서 농민회 회원들도 걱정이 태산이다. 평화경작지를 만든 나 자신도 걱정이 앞선다. 어떠한 난관에 부닥쳐도 평화경작지는 유지되어야 한다. 남과 북이 만나고 밥도 나눠 먹는 날까지 계속되어야 옳다.

의정부! 평화수도가 되는 현실을 만들자

정전 70년, 한미동맹 70년. 지금 윤석열 정부의 남북관계에 임하는 자세와 관련이 깊다. 미국이 만들고 싶었던 한미일동맹화가 최근에 완성되는 듯하다. 한미일동맹의 장애물이었던 한일관계가 미국의 주문대로 일사천리로 추진되고 현 정부는 이제 미일동맹의 도구로 전락되고 있어 안타깝다. 위안부, 강제징용 등의 과거사 문제의 해결이 물 건너가고 핵오염수 방류 등의 참사가 벌어졌다. 미국 주도의 한미일동맹화의 결과물들이다. 윤 정부가 택한 무모한 한미일동맹화로 결국 죽어나는 건 국민이다. 평화가 아니라 전쟁에 내몰리는 상황이 연출되고 있다. 남과 북의 협력을 통한 평화경제의 건설이 어려워졌다는 방증이다. 외교적으로나 경제적으로 무정부 상태를 보여주고 있는 이 정부가 살아남는 길은 역설적으로 남과 북의 협력, 즉 남과 북의 공조다.

남과 북의 공조에 마중물 역할을 할 곳이 의정부다. 정전 70년의 아픈 역사가 고스란히 새겨져 있는 곳이기도 하다. 미군 기지 8곳이 있던 의정부야말로 남북 평화협력 시대의 평화 거점도시가 되어야 마땅하다. 지난날 물류의 중심이었던 의정부가 다시 평화의 수도로 제자리를 찾아야 하는 시점이다.

경기도의 북부 중심추인 의정부는 남북협력의 시발점이 되는 평화경제의 산실이다. 남북이 맞닿은 접경지를 품고 있는 지역으로 미래 한반도 평화와 통일을 준비해야 하는 곳이다.

경기도 평화부지사 재직 당시 경기도 북부청사가 있는 곳은 의정부였다. 경기도 북부청사는 북쪽을 향해 있다. 남북통일을 간절히 소망한다는 깊은 뜻을 품고 있다. 평화부지사의 소관 부서인 평화협력국이 이곳에 있었다. 의정부로 출퇴근했기에 자연스럽게 의정부의 현안을 접했고, 의정부를 위해서 할 수 있는 일이 무엇인지 고민했다. 경기도 통일플러스센터도 평화부지사 시절 유치됐다. 향후 경기북도를 만들면 의정부가 수도의 기능을 하기에 가장 적합하고, 향후 남북 평화협력 시대의 수도로서의 기능도 가능할 것이다.

윤석열 정부가 미일동맹을 중심축으로 아시아를 재건하려는 미국에 적극적으로 협력하는 가운데 한반도에서는 남방삼각동맹(미국-일본-한국) 대 북방삼각동맹(북한-중국-러시아)이 대립하면서 안보적으로 불안한 기운이 감돌고 있다. 한반도가 더 이상 언제 터질지 모르는 화약고가 아니라 평화의 상징이자 교역의 풍성한 장소로 전환될 청사진을 제시하고 실천해야 하는 시점이다. 한국 미래 먹거리의 큰 뿌리를 심어 내릴 수 있는 땅이 바로 북한인 만큼 평화를 바탕으로 세계 경제를 선도할 남북협력의 시대를 열어야 하는 게 옳다. 비핵화의 틀이 아니라 평화의 틀을 정착시켜 한반도 평화경제 체제를 수립함으로써 평화협력이 경제 발전으로 이어지고 경제협력이 평화를 공고하게 만드는 평화경제의 선순환 체계를 구축하는 것은 우리의 큰 과제이다.

1장

정치학자에서 정치인으로

부산 출신으로 모교인 부산대학교에서 정치학을 공부한 후 조교와 강사로 활동하던 청년 이재강은 1993년 큰 정치의 밑그림을 그려보고자 런던정경대학LSE으로 유학을 떠난다. 박사과정을 마친 후 현지에서 강의와 비즈니스를 하면서도 교민 신문에 정치 칼럼을 쓰던 그는 19대 총선 문재인 캠프의 관계자들로부터 러브콜을 받는다. 이미 고 노무현 전 대통령을 존경하고, '사람 사는 세상'을 추구하고자 했기에 러브콜을 받은 즉시 2012년 2월 20년 영국 생활을 접고 곧장 귀국했다. 그때 정치인으로서의 첫발을 내딛게 된다.

33세, 가족과 함께 영국 런던 유학길에 올라

Q 정치에 발을 들여놓기 전에 일찌감치 영국에서 정치학 공부를 한 것으로 알고 있습니다. 당시만 해도 정치를 위해 학문으로 기본기부터 다지는 분들이 많지는 않았었는데요?

이재강 1990년대 초였습니다. 군 복무를 마치고 모교인 부산대학교 정치외교학에서 학과 조교를 하면서 여러 대학에서 시간강사(지금의 겸임교수)로 '한국정치론', '정치사상입문', '교양정치학' 등을 강의했습니다. 그러다가 1993년도 8월, '이왕에 정치를 공부하기로 했으니, 대의민주주의 본산인 영국으로 가서 정치학을 제대로 배워보자'라는 생각으로 영국행을 결심했습니다. 제 나이 서른셋 되던 때였죠. 그동안 여러 선택의 순간이 있었습니다만, 그때가 가장 절실한 선택이었던 모양입니다. 정말 열심히 공부해서 시험을 보았고, 다행히 런던정경대학(LSE, The London School of Economics and Political Science)에 합격하여 그곳으로 가게 됐습니다.

Q 나이가 서른셋이면 이미 가정을 꾸린 나이가 아니었을까 싶습니다? 이미 가정을 꾸린 상황이었다면 늦은 유학을 떠나기로 한 결정을 집안에서 반대하지는 않으셨는지요?

이재강 예, 그렇습니다. 이미 결혼한 상태였지요. 1990년 7월에 군에서 제대하고 모교에서 조교 생활을 하던 중에 결혼했으니까요. 그 당시 국립대학교 조교의 직급이 '사무관'이었어요. 그래서 월급이 꽤 괜찮은 수준이었습니다. 게다가 이런저런 번역도 많이 하고 나름 돈을 좀 벌던 때였죠. 총수입이 대기업에 입사한 친구들보다 훨씬 나은 편이었죠. 아마도 그때 아내 입장에서는 '신랑 잘 만났다'라고 생각했을지도 모르죠. 그래서 그랬는지, 아내는 저의 늦은 유학 결정을 반대하지 않았습니다. 오히려 응원하고 지지하는 편이었지요. 그때만 해도 훗날 정치인의 길을 걸으면서 벌어질 일들은 전혀 생각하지 못했을 테니까요.

Q 런던정경대학은 정치학과 경제학에서 손꼽히는 대학으로 알고 있습니다. 그런 곳에서 공부하는데 영어 때문에 어려움은 없으셨나요? 조교 시절 번역까지 했을 정도라면 영어가 꽤 수준급이셨을 텐데, 실제는 어떠셨나요?

이재강 하하. 영어 이야기가 나오니 부끄러워지는군요. 당시 한국에서 조교를 할 때만 해도 영어에서만큼은 남에게 뒤진다고 생각하지 않았습니다. 남들도 대체로 인정하는 편이었고요. 하지만 시험을 잘 보는 영어 실력과 현실에서 구사하는 영어는 많이 다르더군요. 그런 까닭에 저 역시 초기에는 영어로 소통하는 데 힘든 점도 좀 있었습니다. 물론 나름 영어 실력을 사전에 갖췄기에 한결 수월했다고 봅니다. 런던정경대에서 공부하기 위해 교재를 읽는 건 어느 정도 따라갈 수 있었는데, 실제 토론을 한다든가 일상생활에서 사소한 일을 처리할 때는 난감할 순간이 더러 있었지요. 역시 언어는 현지인들과 부딪히면서 자연스럽게 익숙해지는 거라고 봅니다.

Q 박사과정 공부를 하는 시간은 얼마나 소요됐나요? 그리고 공부 후 귀국하지 않고 런던에 오래 계시지 않으셨습니까?

이재강 네, 꽤 오래 머물렀습니다. 런던에서 살았던 날들이 정확히 20년이나 됩니다. 제 런던정경대 동기 중 한 분이 강원택 교수(현 서울대 정치학과)입니다. 그분은 서울대학교에서 정치학 석사학위를 받은 후 런던정경대학에 들어갔죠. 한국에서 온 강원택 교수나 다른 동기들은 박사과정을 끝낸 후 다시 국내 대학으로 돌

런던정경대 박사과정을 마친 후 영국에서의 생활을 이어갔다. 강의와 IT 사업을 하고 교민 신문에 국내 정치와 관련된 칼럼도 썼다.

아갔습니다. 하지만 저는 현지에 남았어요. 모교로 돌아가서 강의하고 싶은 마음도 있었습니다만, 당시 상황이 여의치 않았습니다. 그리고 무엇보다 또 영국과 유럽에서의 가치 있고 의미 있는 삶이 우리 가족의 발목을 런던에 잡아 두었어요.

Q 가족들과 함께 가셨잖아요. 생활비가 많이 들어가는 도시로 유명한 런던인데 경제적으로 힘들진 않으셨나요?

이재강 왜 힘들지 않았겠습니까. 런던은 생활비가 많이 들어가는 대표적인 도시인걸요. 그래도 학위과정을 마친 후 강의도 했고, 2004년부터는 칼럼도 쓰고, 또 사업체도 운영했습니다. 믿기지 않으시겠지만 'IT 관련 사업'이었습니다. 'J-PC 크리닉'이라는 회사였지요. 지금도 그렇지만, 당시 이름있는 한국 기업이라면 유럽 지사를 거의 런던에 두고 있었죠. 런던이 유럽의 금융 중심 도시였으니 당연한 일이었지요. 그 회사들을 대상으로 'IT 네트워크'를 구축해주는 일을 했습니다. 예를 들면 현대미포조선, 한국은행, 대우증권, 삼성물산과 같은 회사들이 현지 법인이나 지사가 주요 고객이었습니다.

정치학을 전공한 사람이 IT 분야 사업을 했다니 의아하시겠지만, 제가 이런 분야에 일찌감치 관심이 많아서 나름 공부를 했었지요. 당시 3만여 교민들이 살던 런던에 믿고 맡길 IT나 PC 전문가들이 없었어요. PC가 고장 나거나 네트워크에 문제가 생기면 제가 직접 가서 다 해결해주었죠. 특히 초기 현지 정착에 어려움을 겪는 한국 기업들을 대상으로 일을 많이 했습니다. 사실 그 당시에는 제가 거의 독점하다시피 했죠. 그래서 돈도 좀 벌었습니다. 런던 교민이나 저와 알고 지내던 분들 역시 모두 의아해했죠. '저 사람은 정치를 공부했다더니 축구도 잘하고 IT 사업까지 하네'라는 의문을 던지곤 했어요. 제가 생각해봐도 충분히 고개를 갸우뚱할 만한 일이죠. 하지만 실제로 제가 컴퓨터 하드웨어 수리 능력에 있어서도 남달랐습니다. 하하.

시간이 지나면서 사업 규모가 커져서 직원들을 고용하고, 고객을 외국 기업으로 넓혔습니다. 런던 증권가에서 IT 용역은 우리 회사가 둘째가라면 서러울 정도로 정말 많이 했습니다. 일본 기업인 '일본전기'가 유럽에 진출했을 때도 아웃소싱 계약을 따냈을 정도였으니까요. 'PC 20대 이하의 모든 일은 J-PC 크리닉에서 한다'는 계약을 했었죠. 그 계약으로 인해 한동안 일본전기 일을 많이 했습니다.

교민 신문 칼럼 쓰던 중 민주당 러브콜 받아

Q 그렇게 런던 생활을 하시다 19대 총선을 앞둔 시기에 갑자기 귀국하셨습니다. 그리고 그 길로 정치에 본격적으로 뛰어들었거든요. 그 배경이 문재인 전 대통령과 연관돼 있었다고 들었습니다. 구체적으로 어떤 사연이 있었습니까?

이재강 아시다시피 2012년 4월에 총선이 있었잖아요. 제가 영국에 있을 때 그러니까 2011년 11월경 제게 관심을 가지고 유심히 지켜보시던 분들에게서 전화가 왔습니다. 그분들의 통화 내용은 한결같았습니다. 부산 사상구에서 국회의원에 출마하는 문재인 후보를 도와달라는 부탁이었어요. 구체적인 역할은 문재인 캠프 홍보팀에 와서 글을 써달라는 것이었습니다.

그렇지 않아도 그즈음 한국으로 돌아가서 정치를 시작하려는 열망을 품고 영국에서 배운 정치를 제대로 실천할 기회를 호시탐탐 노리고 있었거든요. 한마디로 '잘됐다' 싶었습니다. '이 기회를 놓치면 영원히 런던에 뼈를 묻을지도 모른다. 가자. 진정 공정한 세상을 만들러 가자'라고 마음을 굳혔습니다.

Q 영국에서 오랫동안 학업과 생활을 해오셨다면 한국 내에서

이 소장님의 존재를 알기 쉽지 않았을 텐데, 중요한 시점에서 함께 일해달라 요청해온 것을 보면 한국 정치권에서도 이미 이 소장님 존재를 잘 알고 있었던 건가요?

이재강 영국 현지 교민들을 비롯해 유럽 전역에 걸쳐 우리 교민이 많으니까 그만큼 한인 신문들도 활성화되어 있었습니다. IT 분야 사업을 하면서 재영 한인 언론과 한국 평단에 칼럼을 많이 썼습니다. 교민들의 소통 창구 역할을 하는 한인 신문《한인 헤럴드Hanin Herald》나《유케이 라이프UK Life》같은 신문에 거의 한 주도 거르지 않고 오랜 기간 칼럼을 기고했습니다. 그때 기고한 정치 칼럼 명이〈사람 사는 세상〉,〈다시 사람이 희망이다〉였습니다.

매주 글을 썼어요. 훗날 그 글을 모아 보니까 책 여섯 권 분량은 되겠더군요. 10여 년을 쓰다 보니 교민들 사이에서는 종종 화제의 인물이 되곤 했죠. 그래서인지 한국의 정치권에서도 저를 아는 분들이 있을 만큼 나름 많이 알려져 있다고 들었습니다.

기고했던 칼럼들을《서프라이즈》라고 하는 인기 웹사이트에 다시 올리곤 했습니다. 당시 진보 논객들이 주로 글을 올렸던 곳이죠.《서프라이즈》에 글을 올리면 한 번도 빠짐 없이 대문 글에 올라갔어요. 그때 아이디로 '런던 보이'라고 하는 노사모 아이디를 쓰고 싶었지만 누군가가 선점하고 있었어요. 그래서 저는 '런던 가이'로 필명을 만들어 글을 올렸는데 한동안 주목을 받았습니다.

Q 그러셨군요. 글을 쓰는 게 쉬운 일이 아닌데 10년 이상 쓰셨다니 내공이 대단하셨나 봅니다. 그런데 당시 칼럼은 주로 어떤 것들을 주제로 삼았습니까?

이재강 제가 칼럼을 한창 기고하던 시기가 노무현 참여정부 시기였습니다. 저는 노무현 전 대통령을 지지하고 있었습니다. 또 그분을 정치 선배님으로서뿐 아니라 한 인간으로서 흠모하고 있었습니다. 하지만 교민 사회는 좀 보수적이고 수구적인 분위기가 강했습니다. 그런 까닭에 교민 사회에서는 노무현 대통령의 행보에 대해 선입견을 가지고 바라보는 시선이 있었지요. 저는 이를 바로잡아야겠다고 생각했습니다. 그래서 의도적으로라도 노무현 전 대통령에 대한 글을 많이 쓰려고 했죠. '노무현은 어떤 사람인가?', '어떤 정부를 지향하는가?', '어떤 정책을 추구하는가?' 등의 내용을 많이 썼습니다.

하지만 2008년 이명박 정부가 들어서지 않았습니까. 그때부터는 방향을 좀 바꿔서 '이명박'이라는 인물의 본질에 대해서 많은 이야기를 썼습니다. 강한 논조로 비판의 글을 쓰긴 했지만 언제나 제 소신껏 썼고 후회가 없습니다. 예를 들면 칼럼에 '쥐박이' 라는 용어를 과감하게 사용했죠. 신문이 나가면 대사관에서 용어를 바꾸라는 연락이 오고 여기저기 독자들로부터 항의도 듣곤 했습니다. 하지만 저는 "나는 칼럼니스트이니 내가 쓰고 싶은 용어를 쓸 것이며, 만일 당신들 마음에 안 든다고 원고를 바꾸거나 '쥐박이' 같은 용어를 빼면 더 이상 칼럼을 쓰지 않겠다."라고 응수했습니다.

교민들 사이에서는 저 보고 '빨갱이'라고 하는 사람도 있고, "저 사람 칼럼 없애라."는 얘기도 많았다고 들었습니다. 주영대사에게 "이재강이 칼럼 못 쓰게 하라."고 엄청나게 항의가 들어갔다고 들었습니다. 그럼에도 불구하고 저는 신문 3면에 그 칼럼을 10년 정도 매주 썼습니다. 어쩌면 영국이어서 가능한 일이었는지도 모릅니다. 민주주의의 핵심인 언론의 자유를 한인 신문에서도 거스를 수는 없었던 게 아닐까 싶습니다.

노무현 전 대통령 분향소 설치 주도

Q 그러셨군요. 보수적인 교민 사회에서 반발이 적지 않았을 텐데, 대단한 뚝심이십니다. 칼럼의 논조 때문에 한인회 활동에 어려

움은 없으셨나요?

이재강 꼭 그렇진 않았습니다. 제가 귀국하기 전해인 2011년에는 1년간 재영한인총연합회 수석 부회장으로 활동하기도 했습니다. 귀국하지 않았다면 재영한인회 회장을 맡았을 수도 있었을 텐데, 귀국하는 바람에 불발되고 말았지요. 2012년부터 재영한인회 회장으로 정해져 있었거든요. 그러니까 교민 사회에서 아주 밉상은 아니었던 셈이지요. 하하.

특히 영국은 축구를 좋아하는 나라 아닙니까. 각국 교민들끼리 해마다 아마추어 월드컵을 열 정도입니다. 그런데 제가 공을 좀 찹니다. 아주 먼 과거이긴 하지만 중학교 시절부터 고등학교 다닐 때까지 축구선수를 했으니까요. 이 축구가 제 한인회 활동에 윤활유 역할을 했습니다. 특히 2011년도에는 국가대표 출신인 박성화 감독님, 정용환 선수, 구상범 선수가 영국에 축구 유학을 와 있었어요. 저까지 의기투합해서 우리도 영국 교민 사상 처음으로 아마추어 월드컵에 나간 거죠. 그때 우승은 못 했지만 8강까지 올라갔습니다

현지 교민 신문에 그 내용이 실리고 교민 사회에서 화세 인물이 됐습니다. 그 덕에 교민들이 "저 아저씨는 본래 칼럼니스트가 아니고 공 차는 사람이었구나."라며 저를 다시 본 것 같습니다. 제

가 정치학 박사 공부를 하고 칼럼을 썼으니까 학창 시절 축구를 했다는 사실을 전혀 모르고 있었던 거죠. 솔직히 축구선수 출신이 아니면 90분 풀 타임 경기를, 그것도 하루에 연달아 세 경기를 뛰긴 힘들죠. 다른 사람은 멤버 교체를 했었어도 정용환, 구상범, 저, 이렇게 셋은 교체 없이 계속 뛰었거든요.

그 후 정용환, 구상범은 저에게 "계속 공을 차지 그랬냐?"고 하기도 하고 박성화 감독도 식사할 때마다 "학창 시절 선수 때 축구를 정말 잘했을 것 같다."고 말하곤 했죠.

Q 현지에서 가족과 오래 생활하셨으니 자녀도 있었을 텐데요?

이재강 딸 한 명이 있습니다. 지금 영국에서 살고 있어요. 1992년생으로 지금 31세인데 그 아이 한 살 때 제가 유학을 갔어요. 그러니 딸은 영국에서 31년째 계속 살고 있죠.

저는 영국에 있으면서도 언젠가는 한국에 돌아가서 정치를 하겠다는 생각을 항상 품고 있었기에 시민권을 신청하지 않았어요. 그러다 보니 우리 딸이 어릴 때부터 한국에 대한 교육을 많이 시켰습니다. 예를 들면 이런 식이랍니다. 영국은 초등학교 1학년이 다섯 살이에요. 그래서 네 살이 되면 유치원에 가는데 그때부터 고등학교 갈 때까지 한국의 모든 교과서를 제가 직접 가르

쳤어요. 10여 년간 매일같이 하루에 몇 시간씩 한국 교육을 받은 거죠. 그래서 그 애가 영국에서 살았지만, 우리말을 100% 구사할 뿐만 아니라 일반적인 의식도 우리하고 똑같습니다.

무엇보다도 정치의식에 있어서 노무현 전 대통령, 문재인 전 대통령, 이재명 대표에 대해 우리 시대의 많은 국민이 갖고 있는 긍정적이고 바람직한 의식을 딸도 똑같이 갖고 있습니다. 그 점에서 저는 아주 행복합니다.

Q 따님에게 한국을 가르치셨다는 대목은 참으로 인상적입니다. 더불어 따님 역시 노무현 전 대통령을 비롯한 이 땅의 진보적 정치인들을 긍정적으로 생각하고 있다니 그 정치적 유산을 따르는 이 소장님께서 행복하실 만합니다. 그런데 안타깝게도 노무현 대통령이 서거하셨을 때도 영국에 계셨겠네요? 그럼 조문도 하지 못하여 안타까우셨겠어요.

이재강 네, 안타깝다마다요. 저는 노사모 활동을 열심히 했었기 때문에 비보를 바로 접했습니다. 노무현 전 대통령이 2009년 5월 23일 돌아가셨는데, 그때 우리 딸이 중학교 3학년이었습니다. 제가 딸에게 "오늘은 학교에 가지 마라."고 하고 대신 온 가족이 한국교민회관으로 갔습니다. 그곳에 분향소를 차릴 요량으로 말이

노무현 대통령이 서거하셨을 때 런던 교민회관에 분향소를 설치했다. 수많은 교민과 외국인들이 분향소를 찾아 애도했다.

지요. 마음 같아서야 귀국해서 분향소로 달려가고 영결식에도 참석하고 싶었지만, 너무 급작스런 일이라 그럴 여유도 없었으니 여기서라도 할 일을 찾으려던 생각뿐이었습니다.

그런데 사실 교민회가 좀 보수적이라서 교민회관을 쉽게 내주지 않을 수도 있겠다 싶었습니다. 그렇더라도 손 놓고 있을 수만은 없었습니다. 다행히 당시 교민회장이 마침 해병대 선배님이셨습니다. 그분께서 저에게 분향소를 차릴 수 있도록 회관 열쇠를 맡기고 당신은 잠시 피신을 하기도 했어요. 교민회관이 꽤 넓은데 고맙게도 그분 덕에 그곳에 분향소를 만들 수 있었죠.

Q 아, 런던의 분향소는 그렇게 해서 만들어졌군요. 그럼 당시 분향소에는 교민이나 다른 현지 시민들이 많이 다녀갔습니까?

이재강 당시 저도 깜짝 놀랄 만큼 많은 분이 찾아오셔서 추모하고 돌아가셨습니다. 평소의 정서를 생각하면 또 어디서 한소리 듣거나 행패를 부리는 사람도 있지 않을까 걱정했는데, 기우였어요. 정말 한마음이 되어 추모하는 분위기였습니다. 여기에는 한인뿐만 아니라 다른 외국인들도 찾아주었습니다. 중동 사람들도 오고, 중국 사람들도 많이 왔을 정도였으니까요.

사실 교민들은 영국 내 곳곳에 여기저기 멀리 떨어져 있잖아요. 에든버러 같은 곳에서 오려면 6~7시간 걸리고, 옥스포드와 케임브리지에서도 몇 시간씩 걸립니다. 그런데도 많은 교민이 찾아와 추모했습니다. 한마디로 감동적이었죠. 며칠 동안 그렇게 많은 분이 왔습니다.

Q 노사모 활동도 열심히 하셨다니, 노무현 전 대통령에 대한 생각이 남다를 것 같습니다. '노무현 대통령' 하면 가장 먼저 뭐가 떠오릅니까?

이재강 무엇보다 '사람 냄새'죠. 노무현 전 대통령의 '사람 냄새'. 노무현 전 대통령이 보여주신 '반칙 없는 세상'에 대한 비전에 깊은 감명을 받았습니다. 그것이 어느 순간 제가 정치를 공부하고 또 정치를 하게 만드는 동력이기도 했습니다.

저는 노무현 전 대통령을 대학 재학 시절 몇 번 뵈었습니다. 당시에는 대통령이 되시기 전의 인권 변호사 노무현이었습니다만. 개인적으로 만난 건 아니고 먼발치에서 본 게 전부이긴 하지만요. 부산대학교에 자주 오셨거든요. 그분이 운동권 선배들과 친구들을 만날 때 꼽사리 끼어서 술도 한잔하곤 했는데 유학 떠난 이후로 돌아가시기 전까지는 단 한 번도 직접 뵌 적은 없습니다.

저는 노무현 전 대통령은 정치가이기 이전에 '사상가'였다고 생각합니다. 우리 대한민국이 무엇이 잘못돼 있고 어디로 가야 하는가에 대해 분명한 방향성을 갖고 계셨거든요. 그래서 노무현 전 대통령의 사상을 어떻게 실천할 것인가에 대해서 아주 진지하게 고민하고, 그와 관련된 글을 많이 쓰게 된 것입니다.

Q 불의에 타협하지 않는 노무현 전 대통령만의 어떤 강직한 면들이 이재명 대표와 약간 닮은 점이 있다는 느낌도 들거든요.

이재강 주위에서 그런 이야기를 많이 듣고 있습니다. 특히 어려운 국면에서도 흔들림 없이, 세가 많을 때나 적을 때나 상관없이, 당당히 자신의 길을 뚜벅뚜벅 걷는 지도자의 모습은 많은 부분 닮았습니다. 저 역시 그런 노무현 전 대통령님의 모습을 흠모해왔고, 영국에 있을 때도 멀리 떨어져 있긴 하지만 그런 행보에 함께 하고자 했습니다.

일례로 이런 것이지요. 당시 그곳 교민 사회에서는 한국 정치에 대해 쓴소리를 하는 사람들이 거의 없습니다. 그래서 제가 칼럼에 한국 정치와 정치인들 관련 칼럼을 많이 썼던 것입니다. 그랬더니 제 칼럼을 가지고 유학생들끼리 모여서 토론을 하고 또 세미나도 하는 일이 생겨났어요. 그러다가 노무현 대통령 분향소 설치와 추모를 마친 후 '모난 놀'이라는 모임이 만들어졌습니다. 그전부터 함께했던 분들과 함께 만든 모임이지요. 노무현 전 대통령의 유명한 연설 중 어머님께서 "모난 돌이 정 맞는다. 바람 가는 대로 물결 가는 대로 살아라."는 교훈을 주셨다는 말씀이 있습니다. 여기에서 착안해서 모임 이름을 '모난 돌'이라고 지었습니다.

사실 모난 돌은 열성 회원이 열 명도 채 안 되는 소모임이었습니다. 런던대 교수들 몇 명 그리고 교민 중 1980년대 학번 몇 명이 전부였죠. 그런데 우리가 얼마나 열심히 활동했던지 '노무현재단 사람사는세상'에서는 런던의 모난 돌 회원이 몇백 명은 있는 줄 알더군요. 그 당시 저희 모임에서 후원금을 매년 3,000~4,000파운드를 냈으니까요. 숫자가 중요한 게 아니라 그 가치를 인정하고 그것에 최선을 다하는 것이 중요하다는 노무현 전 대통령의 실천을 그렇게라도 본받으려 했던 시절의 작은 에피소드입니다.

Q 작은 실천이라 겸양의 말씀을 하시지만, 만리타국에서 그런 실천을 할 수 있는 건 쉽지 않은 일일 듯한데, 여러 가지로 실천에 강한 분이란 생각이 듭니다. 그렇게 정치에 뜻을 품고는 있었고 한국에서의 러브콜도 있었다지만, 막상 장기간의 현지 생활을 접고 귀국하기가 그리 쉬운 일은 아니었을 텐데요?

이재강 좋게 말씀해주시니 부끄럽습니다. 하지만 저는 말씀하신 것처럼 실천에 좀 강한 편입니다. 마음먹으면 곧장 실행으로 옮기는 기질이 강한 사람이지요. 몇 차례의 전화를 받고 어렵사리 결심한 후 아내에게 제 뜻을 전했습니다.

"나 정치 휴가 좀 갔다 올게. 그리고 4년 후엔 국회의원 선거에 출마하고 만약에 낙선하면 런던으로 돌아올지 모르겠다. 잘 있어요."

마치 농담이라도 건네듯 가볍게 얘기했죠. 그랬더니 그 말을 들은 아내는 처음부터 제 뜻을 쉬 받아들이지 못하더군요.

"말도 안 되는 소리 하지 마세요. 지금 여기서 뼈를 묻어야 할 사람이 무슨 정치를 한다고 합니까?"

단호하게 말리더군요.

하지만 저는 2012년 1월 24일 귀국을 강행했고, 그때 아내는 저와 함께 귀국 비행기를 탔습니다. 정치를 못 하게 막으려고 따라온 거죠. 아내는 그로부터 10년 이상을 저의 고집을 꺾지 못하고 이 고생스런 정치인의 길을 걷는 남편 옆에서 힘겨운 내조를 거들고 있습니다. 고맙고 또 고마운 사람입니다.

Q 네, 정치인의 아내가 감당해야 하는 고충은 별도의 책으로 써도 대하소설 한 질은 나올 테지요. 그런 갈등을 넘어 한국에 귀국하셨던 거군요. 귀국 당시 국회의원 후보였던 문재인 전 대통령을

돕기로 했는데, 문 전 대통령과는 그때 처음 만난 건가요? 그분의 첫인상은 어땠습니까?

이재강 20년의 런던 생활을 마친 뒤이니, 직접 뵌 적은 그때가 처음이었죠. 그전에는 잘 몰랐습니다. 그때 처음 뵀으니까요. 제가 아는 건 노무현 전 대통령이 자랑스러워하던 친구, 노무현 전 대통령의 곁을 지킨 굳건한 비서실장이었다는 게 전부였습니다. 처음 뵈었을 때 눈매가 참 서글서글하고 맑았습니다. 그래서 '저분이 정치하면 제대로 잘하겠구나'라는 생각을 했습니다. 첫 만남부터 뜻이 통했던 거죠.

2장

끈기와 뚝심 있는 큰 정치

부산 서구에서 유년기, 소년기를 보내면서 축구선수로도 활약했지만, 청년은 부산대 정치외교학과에 입학했다. 그리고 민주화운동에 적극 참여했다. 그랬던 그가 영국 유학을 떠나 정치학 박사과정을 밟고 현지 정치를 배운 후 고향으로 돌아왔다. 그리고 민주당의 험지로 불리던 그곳에서 세 차례에 걸쳐 국회의원에 도전했다. 무려 42.2%의 득표율을 얻었지만, 현실 정치는 그의 손을 들어주지 않았다.

그럼에도 불구하고 그는 쓰러지지 않았고 정치의 길에서 멈추지 않았다. 노무현 전 대통령과 이재명 당 대표의 정치 지향점과 매한가지였고, 그들을 롤모델로 삼고 있었기에.

정치 왕초보의 첫 득표율 30%

Q 당시 문재인 후보 국회의원 선거 캠프에 왔다가 본인도 출마를 했습니다. 그게 어떻게 된 일인가요?

이재강 그때 국회의원 후보였던 문 전 대통령이 저에게 이렇게 묻더군요.

"영국에서 멀쩡하게 잘 사는 사람이 여기 뭐하러 왔습니까?"

저는 솔직하게 말했죠.

"본래 정치할 생각을 가지고 있었습니다."

그 자리에 함께 있던 이호철 수석을 비롯해 다른 분들도 말을 거들었죠. 그러자 이렇게 말씀하시는 거예요.

"그러면, 뭐 뒤루 미룰 것 없이 지금 출마해보시는 거 어떻습니까?"

처음엔 당혹스럽더군요. 국회의원 후보 문재인을 도우려고 있는데, 갑자기 출마를 하라? 그것도 불과 두 달도 안 남았는데. 놀란 마음을 진정시키고는 "지금 그게 가능하겠냐."고 하면서 "출

| '정치인의 길'이라는 마라톤이 드디어 시작됐다.

마는 4년 뒤에 하겠다."고 말씀드렸는데도 강하게 밀어붙이시더군요. 문 전 대통령은 정작 당신도 후보이면서 본인 선거운동 활동은 안 하고 당시 서울에 있던 한명숙 당 대표한테 직접 찾아가서 "서구에 좋은 후보 한 명 나타났습니다." 하고 소개했습니다. 그때 저로서는 사실 적잖이 당황스럽기도 했지만, 한편으로는 '정치인의 길'이라는 마라톤이 드디어 시작됐구나 싶었습니다.

Q 그런 사정이 있으셨군요. 선거를 불과 두 달 남짓 남겨두고, 그것도 국내도 아닌 해외에서 갑자기 귀국한 분이 후보가 됐다니 놀라운 일입니다. 그야말로 정치 신인 출현 아닙니까? 결과는 어땠습니까?

이재강 사실 그때만 해도 부산에서 민주당 쪽 인물 찾기가 만만치 않으니까 좋은 후보 찾으려고 늘 눈에 불을 켜던 시절이었습니다. 민주당 입장에서는 그 당시 야권 통합, 즉 야권 후보 단일화를 통해서 부산의 세 군데, 영도구, 해운대구, 서구를 정의당에게 양보한 상황이었죠. 그런데 야권 단일화 합의가 된 상황에서 제가 출마를 하게 되면서 그 합의를 번복한 겁니다. 처음부터 아주 복잡한 정치적 논란에 휘말렸지만, 결과적으로 제가 야권 단일 후보로 서구에 전격적으로 공천을 받게 되었습니다.

Q 솔직히 말해서 지역구에서는 얼굴도 알려지지 않은 신인인데 당선이 될 리는 만무한 거 아닙니까?

이재강 상식적으로 봐도 그렇죠. 아마도 부산에서의 당선 가능성을 가늠하기 어려운 상황이어서 야권 단일 후보가 되었던 것인지도 모릅니다. 그런 상황을 모를 리 없었지만, 일단 당선될 수 없다는 것을 인정하면서 입후보하고, 선거운동에 임했습니다. '이번은 아니겠지만, 다음에는 내가 꼭 당선된다'라는 심정으로요. 이번에 유권자들에게 좋은 모습을 보이고, 4년 뒤에는 승부를 걸겠다는 그런 마음이었죠. 일약 깜짝 스타가 될 수 있을 거란 환상을 가지기에 저는 너무 정치를 깊이 공부한 사람이었던 것도 그런 마음을 먹을 수 있는 배경이었다고 생각합니다. 그래서 마음을 비우고 최선을 다했지요. 지역에 스며들기 위해서 말이지요. 그랬더니 결과가 기대 이상이었습니다. 그야말로 정치 왕초보인 제가 득표율 29.38%로 2위를 했습니다.

Q 오, 정말 대단한 결과네요. 득표율이 30%나 다름없네요. 얼굴도 알려지지 않은 후보가 그것도 부산에서 대단히 높은 득표율을 기록한 거 아닙니까?

이재강 그렇다고 봐야죠. 부산 서구는 역대 민주당 득표율이 9%도 안 되던 지역이었습니다. 한때 김영삼 대통령이 6선을 한 곳이 이곳 서구입니다. 하지만 그분이 1990년 합당을 하고 난 다음부터는 야당 표가 그야말로 몰살된 그런 곳이었죠.

서구가 또 어르신들이 많이 사시는 지역입니다. 보수 성향이 강한 분들이 다수 분포해 있는 그런 지역에 출마해서 30% 가까이 득표했다니 당에서도 또 부산 지역 정치인들 사이에서도 놀랍다는 반응이 이어졌습니다. 그런데 그게 그만 훗날 패착이었던 것 같습니다. 허허.

Q 그야말로 문재인 후보 선거를 도우려 왔다가 생각도 못 한 지역구 후보로 나섰고 낙선을 하신 거네요. 생각이 많으셨겠습니다. 특히 가족들 역시 엉겁결에 큰 선거전을 치르셨으니…. 그런데도 영국으로 다시 돌아가실 생각은 않으셨습니까?

이재강 선거 끝난 후 아내는 제가 영국으로 돌아갈 줄 알았을 겁니다. 그런데 영국으로 돌아가기는커녕 부산에 눌러앉아 당 조직 본부장을 맡으니 그 당시 속으로는 화가 났었을 법합니다. 그런데 고맙게도 "다 때려치우고 영국 갑시다.", "딸 혼자 두고 와서 뭐 하는 거냐."라는 식의 항의는 하지 않더군요. 딸이 혼자서 대학을

2012년 총선에서 부산 사상구에 출마한 문재인 후보 선거운동을 위해 귀국했다가, 뜻밖에 부산 서구에 출마하게 되었다.

다니고 있으니 무조건 영국으로 돌아가야 할 상황이었으니까요.

그런 아내에게 진심으로 제 마음을 밝혔습니다. 영국으로 돌아갈 것인지 아닌지는 일단 4년 후에 생각해보자고요. 또 바로 코앞으로 다가온 2012년 12월 대통령선거에서 문재인을 위해 모든 걸 걸어야 한다는 마음을 단단히 먹었던 거죠. 제가 아는 정치는 길고 긴 마라톤과 같은 것이어서 한 번의 선거 결과를 두고 판단할 게 아니라는 믿음이 있었습니다. 그 믿음이 지금까지 쉽지 않은 인생 후반을 견디게 해주는 힘이라고나 할까요. 하하.

부산 서구에서 성장한 키 큰 소년

Q 이 소장님은 원래 부산 출신이시죠? 그러니 부산에서 정치를 시작한 것은 의미 있는 일이었을 텐데요. 특히 지역구였던 서구와는 개인적으로 어떤 인연이 있었나요?

이재강 서구와는 오랜 인연이 있습니다. 본래 제가 태어난 곳은 경북 의성입니다. 하지만 유년 시절부터 성장기와 청년기를 보낸 곳은 부산 서구입니다. 초등학생이던 1960년대 후반 당시 부산은 피난민 도시의 흔적이 역력한 곳이었죠. 특히 부산 서구 남부민동 우리 동네 주변은 거의 피난민촌이었요. '부산'하면 떠올리는 그 유명한 자갈치시장도 지척에 있었습니다.

그야말로 가난한 동네였고 환경적으로 험지나 다름없었어요. 전국구 건달이 가장 많이 배출된 동네로 불릴 만큼 우리가 흔히 말하는 조직 폭력배들의 활동 무대였으니까요. 부모님은 문구류 장사를 하시다가 만화방과 이불장사도 했고, 백설빙고 대리점도 운영했습니다. 그러니까 몰락한 소농이 도시로 와서 도시 빈민으로 전락한 전형적인 가난한 집안의 아들이었죠.

Q 어려운 시절에 부모님이 부산으로 오셨던 데는 그나마 시골에서보다 도시에서 자녀들의 미래를 열어가게 하겠다는 뜻이 있었을 듯한데요. 당시는 전후 베이비부머 세대였으니 소장님도 형제가 여럿이었을 것 같습니다?

이재강 그렇지요. 저희가 전형적인 베이비부머 세대입니다. 그래서 우리 부모님도 가난에도 불구하도 3남 1녀를 두셨지요. 세 살 위 형님, 저, 남동생 그리고 막내인 여동생이 그렇게 넷입니다. 형님은 청소년기에 부모님 말씀 잘 안 듣고 이런저런 말썽을 좀 피웠어요. 하지만 형님과 다르게 저는 좀 착한 아이였습니다. 어쩌면 형님이 부모님 속을 썩이는 모습을 보면서 반대급부로 제가 착하게 살아야겠다 생각했던 점도 작용했었던 것 같습니다. 하여튼 부모님 말씀 잘 듣고 학교 생활도 착실하게 하니까 부모님께서도 저를 믿고 기대도 많이 하셨습니다. 체력적으로 힘든 일이 있으면 저에게 많이 시키시면서 여러모로 의지하셨던 것 같기도 합니다.

Q 소장님의 지금 체격을 보면 학창 시절에도 키가 크고 듬직했을 거 같습니다. 부모님이 믿고 의지할 만하셨을 듯하네요. 그 체격이라면 뭔가 한 가닥 했을 것 같은 그런 느낌이 드는데요?

이재강 청년 시절에는 제 키가 180cm 정도였어요. 그러니 그 시절 기준으로 보면 큰 키였습니다. 이미 초등학교 들어가기 전부터 또래들보다 컸어요. 다른 친구들보다 머리 하나 더 있다는 소리를 듣곤 했을 정도로요. 초등학교 고학년 때는 선생님들보다 키가 더 컸거든요. 그래서인지 운동도 잘 하고 친구들 사이에서는 두각을 드러냈죠. 하하.

자칫 오해하면 이문열 소설 〈우리들의 일그러진 영웅〉에 나오는 '엄석대' 같은 사람으로 비칠 수도 있는데, 절대 그런 캐릭터는 아니었습니다. 힘이 없거나 덩치가 작은 친구들을 항상 돌봐주는 쪽이어서 되레 친구들이 저에게 많이 의지했던 것 같습니다.

최근에 초등학교 동창회를 갔었는데 한 친구가 특별한 일화를 들려주더군요. 초등학교 시절 그 친구가 태권도를 하다가 다리 골절 사고가 났는데 제가 자신을 업고 두 시간을 걸어서 산꼭대기에 있는 자기 집에까지 데려줬다는 거예요. 그때 정말 고마웠고 아직도 잊히질 않는다고 하더군요. 또 다른 초등학교 친구는 여학생들이 고무줄 놀이를 하면 짓궂게 고무줄을 끊어가는 남자아이들이 있었는데 그런 애들을 혼내주고 못 하게 막아줬다는 이야기도 들려주더군요. 50년도 더 지난 아주 오래전의 일이잖아요. 사실 저는 그런 세세한 기억은 하나도 없습니다. 그런데 동창생들이 이야기를 전해주니까 내가 학교에서 나름 착한 아이였구나 하는 생각이 들면서 새롭더군요.

그런데 제가 기억하는 분명한 것 한 가지는 '축구는 잘했다.' 이겁니다. 키가 커서 유리한 점도 있었겠지만 정말 공을 잘 찼던 것 같아요. 초등학교 시절 등하교 시 공을 가슴에 안고 다녔을 정도였으니까요.

체육중학교 입학, 축구선수로 활동

Q 아, 축구 얘기가 이제 나오는군요. 앞서 영국에 계실 때 아마

| 부산체육중학교에 다니며 축구선수로 활약했었다.

추어 월드컵에도 나가셨다고 말씀하시면서 중고교 시절 축구선수로 활동했다고 하셨는데, 그렇다면 초등학교 때부터 축구를 하신 겁니까?

이재강 그렇지는 않습니다. 초등학교 시절에는 그냥 축구를 좋아하고 잘했던 것뿐이고요. 본격적으로 한 것은 당시 부산체육학교에 입학하면서부터입니다. 1960년대 후반 1970년대 초반 제가 초등학교 다니던 그 시절에는 좀 잘산다는 애들은 한둘이고 대부분 가난했습니다. 그러니 부모들이 자식이 무엇을 하면 좋을지, 어디 보내면 좋을지와 같은 진로에까지 신경을 쓸 여력이 없었다고 해야겠지요. 그런데 제가 워낙 운동을 잘하니까 담임 선생님께서 조심스럽게 제안을 하시는 거예요.

"재강아, 너는 집도 가난한데 체육학교에 한번 가 보면 어떻겠니?"

1972년에 부산에 체육중학교가 개교했던 것입니다. 중학교 3년 과정의 공립학교였고, 무엇보다 학비가 무료였어요. 옷(운동복)도 주고 먹여준다고 하니 귀가 솔깃해서 시험을 보러 갔는데 현장에 가서 깜짝 놀랐죠. 부산에 구덕운동장에서 체력 테스트를 하여 남자만 40명을 뽑는데 약 400명 정도가 온 겁니다. 경쟁률이 자그마치 10대 1 정도였으니까요.

Q 당시에는 학비가 무료라는 게 굉장한 혜택이었겠습니다. 경쟁률이 정말 대단했는데 체력장 시험에서 합격한 건가요?

이재강 그 학교 시험을 보러 온 아이들을 보니까 하나같이 대단해 보였습니다. 무슨 무슨 대회에서 금메달을 딴 '금메달리스트'들이 한둘이 아니었어요. 그때 우리 학교에서 두 명이 시험을 보러 갔는데 저 말고 다른 한 명은 배구 특기자였어요. 배구 대회에 나가 우승한 친구였죠. 그 친구마저도 '어, 저 친구는 왜 왔지?'라는 식이었죠. 그러니까 그 학교는 당시에는 드문 스포츠 엘리트를 키우기 위해 정책적으로 만든 학교였던 거죠. 저는 선수 출신도 아니고 그저 동네에서 축구 잘하는 정도였으니까 '나는 힘들겠다'라는 생각이 먼저 들었죠. 보나 마나 불합격이라는 예감이 앞서더라고요. 그래도 후회는 남지 않게 최선을 다해야겠구나 하고 어린 마음에도 투지를 불태웠습니다.

현장에서는 100미터 달리기, 오래달리기 같은 종목 몇 가지 시험을 봤습니다. 그리고 매 종목 젖 먹던 힘을 다했던 기억이 납니다. 그런데 제가 기본적으로 운동을 잘하긴 했나 봅니다. 정말 놀랍게도 결과는 합격이었습니다. 그래서 입학 후 축구부에서 본격적으로 축구를 하게 된 겁니다.

Q 그러면 고등학교도 체고로 이어진 건가요?

이재강 그렇진 않습니다. 이건 사전 설명이 좀 필요한 부분입니다.

제가 부산체육중학교 다닐 때 축구부가 우수한 성적을 냈어요. 그런데 1975년까지 중학교 교육 과정으로만 운영하다가 제가 3학년으로 올라가던 해인 1976년에 부산체육고등학교가 생기면서 체육중학교는 사라지고 체육고등학교 교육과정으로만 운영됐습니다.

사실 당시의 '체육중학교'는 박정희 정부의 실패한 정책 중 하나입니다. 그 시절 동유럽을 비롯해 전 세계적으로 루마니아의 체조 선수 코마네치Nadia Comăneci가 스포츠계의 영웅이었어요. 6세 때부터 체조를 시작한 코마네치는 1976년 몬트리올 올림픽 대회에서 금메달 영웅이 되기 이전에 1972년 공산주의국가연합 청소년체조선수권대회에서 3개의 금메달을 땄어요. 1975년에는 세계대회에 일반 선수 자격으로 처음 참가해서 4개의 금메달과 1개의 은메달을 획득했던 그야말로 체조계의 전설 같은 존재였거든요.

당시 동유럽의 사회주의 국가들이 스포츠 강국이었습니다. 이런 성공 모델을 보니 어릴 때부터 운동을 시켜야 한다는 판단이 생겼고, 이것이 체육중학교를 설립하는 동기가 된 겁니다. 하지만 문제는 중학생 때는 성장이 시작되는 시기라는 점입니다. 동유럽처럼 성과를 내려면 아예 유소년 때부터 운동을 시켜야 하는데 우리는 그렇지 못했으니까요. 체육중학교는 사춘기가 시작되는 중학생 시기에 본격적으로 운동을 시키니까 학생들의 키가 안 크는 거예요. 그래서 학교가 문을 연 지 3년밖에 안 됐는데 중학교 과정을 없애고 체육고등학교로 전환합니다. 그때 부산체고에 들어갔다면 유도 금메달리스트 하형주 같은 사람들이 동기죠.

다만 제가 부산체고를 가지 못한 결정적인 이유는 학교에서 가르치는 종목 때문이었습니다. 당시 체육고등학교는 개인 종목 선수만 육성하기로 했던 것입니다. 그러니까 축구부 같은 단체 종목은 아예 없었던 것입니다. 그래서 저는 마침 다리 부상으로 축구를 계속하기도 힘들었고 학교 선정 등의 이런저런 사정으로 축구선수를 그만두어야 했지요.

Q 그런 사정이 있었군요. 당시는 국가 시스템을 빠르게 갖춰가던 시절이라 교육 정책조차도 급하게 만들고 변경하기도 했었기에 어쩔 수 없는 일이었겠네요. 아쉬우셨겠어요. 그런데 중학교 시절 축구도 잘하고 고등학교까지 축구부가 있는 학교로 진학을 하셨는데 왜 축구를 계속하지 않으셨습니까?

이재강 일반 인문계 고등학교이지만 전국적으로 잘 알려진 축구부가 있는 동아고등학교에 들어갈 때만 해도 축구를 계속할 수도 있으리라 생각했습니다. 하지만 결정적으로 축구의 꿈을 접은 건 부상 때문이었습니다. 부상으로 인해 고등학교 1, 2학년 동안 계속 아팠습니다. 엄지발가락 종암 수술을 해서 거의 기어 다니다시피 한 적도 있습니다. 사실은 1977년, 1978년 우리 학교가 대통령배 2년 연속 우승 트로피를 차지했어요. 그 당시 함께 축구부 생활을 했던 왕선재, 최철희 같은 사람들이 다 국가대표가 됐을 정도였지요. 축구를 계속했더라면 인생길이 달라질 수 있었겠죠. 하지만 당시로서는 어쩔 수 없었습니다. 늦었지만 현실을 인정하고 고3 때부터 뒤늦은 공부에 몰입하기 시작해야 했습니다.

Q 청소년기 일정 기간 축구선수로 활동했거든요. 그런데 그 시절에도 정치인이 되고 싶은 그런 꿈이 있었다면서요. 앞에서 체육학교 입학하신 이유로 가정 형편과 자신의 꿈을 펴기 힘든 그 시대의 형편을 거론하긴 하셨습니다만, 정치인의 꿈을 키워갔던 뭔가 다른 사연이 있지 않았습니까?

이재강 청소년기 축구를 하던 때에는 잠이 들어서 꿈을 꾸면 제가 백넘버back number 5번을 달고 잔디밭에서 공을 차고 있었습니다. 저는 공격수로서 손색이 없었지만, 센터 앞 중앙 수비수를 선호했습니다. 당시엔 국가대표로 활약하면서 '한국의 베켄바워Beckenbauer'로 불리던 김정남 전 국가대표 감독이 정말 유명한 선수였는데 5번을 달고 뛰었거든요. 그 때문인지 제가 국가대표가 되어서 축구하는 꿈을 자주 꾸기도 했습니다.

그러면서도 한편으로는 '나는 외무고시를 보겠다. 외무고시에 합격하고 정치인이 되겠다'는 생각도 함께 키워갔습니다. 그 때문인지 학창 시절 축구선수로 뛰면서도 생활기록부에 진로 희망학과를 '정치외교학과'로 적어 놓곤 했지요. 모르긴 몰라도 그 이면에는 유년 시절의 환경적 요인이 작용했던 게 아닌가 싶습니다.

앞서 말씀드린 대로 제가 성장한 서구가 역대 최다 9선의 국회의원을 지낸 김영삼 전 대통령이 국회의원 시절 여섯 번이나 당선된 지역구였거든요. 제 아버지도 열렬한 김영삼 전 대통령 지지자였어요. 그러니 선거 시기가 되면 선거 유세 현장에 빠짐없이 찾아가셨고, 그럴 때마다 어린 저도 아버지 손 잡고 따라다녔습니다. 아무래도 그런 지역적 영향이 좀 컸던 같습니다.

청소년기는 혼돈의 시기라는 게 맞는 것 같아요. 그야말로 몸도 마음도 좌충우돌의 연속이거든요. 그런데 다리 부상을 입고 나서 인생을 길게 생각해보니까 다시 축구를 한다고 하더라도 훗날 고등학교나 중학교 축구 감독 정도 하다가 인생을 마칠 것 같다는 생각이 들더군요.

청소년기 운동선수로 뛰면서도 학업을 게을리하지 않았다. 정치인을 꿈꾸며 특히 영어를 열심히 공부했다.

운동선수였지만 인생 목표는 정치인

Q 청소년기에 그냥 정치인이 되겠다는 것도 아니고 구체적으로 외무고시 시험을 거친 후 정치인이 되겠다는 생각을 했다는 사실이 참 남다릅니다.

이재강 하하 제가 생각해도 좀 당돌했던 것 같습니다. 뭘 모를 때라 그런 호기로움이 있었던 것도 같고요. 저는 집안이 가난해서 돈이 없으니까 먼저 외무고시에 합격해서 전문가로서 인정을 받은 다음 정치에 입문하겠다는 생각을 했던 거죠. 그래서 우리 동네 친구들이 저에게 "축구 하는 놈이 무슨 외교관이 되겠다는 거야?"라고 코웃음 치며 놀리기도 했어요. 그들이 볼 때는 정말 웃기는 거잖아요. 하지만 저는 가슴 한켠에 지닌 그런 꿈 때문에 외교관이 되려면 영어는 필수이니 여기에 관심을 많이 가졌고 또 나름 공부도 열심히 했습니다.

그런데 제게 정치인의 꿈을 준 김영삼 전 대통령은 지금 돌이켜봐도 연설은 좀 많이 서툰 거 같아요. 연설 도중 종종 앞의 말과는 맥락이 다른 말을 엉뚱하게 이어 가곤 했거든요. 그럼에도 불구하고 우리 서구 지역에서만이 아니라 부산에서 엄청난 인기를 누렸죠. 그런 김영삼 전 대통령을 보았고 또 5선 국회의원이었던 박찬종 의원도 지켜보면서 그 어린 시절에도 나름 정치에 대한 환상이 있었던 것 같습니다. 저만이 아니라 우리 세대 부산 서구 출신 사람 중에 어렸을 때나 청소년기에 막연하게 정치를 동경한 이들이 많았던 게 그런 이유겠지요.

Q 그럼 그 시절부터 영어에 관심이 많으셨군요. 지금에야 어느 분야를 떠나서 영어는 기본으로 갖춰야 할 능력이지만, 그 시절 운동하는 학생이 영어 공부를 했다는 게 신비스럽게 느껴질 정도네요.

이재강 초등학교 졸업 후 체육학교에 들어갔잖아요. 체육학교에서는 교과 과목 수업은 하루에 4교시밖에 안 해요. 사실 수업은 그렇게 진행하지만, 학생들이 거의 공부를 안 하는 식이죠. 1, 2교시 끝나면 간식으로 빵과 우유가 나옵니다. 그걸 먹고 잠시 쉬다가 3, 4교시 수업이 끝나면 점심을 먹죠. 그 후로는 오후 내내 공만 찼어요. 저도 거의 공부는 하지 않았습니다.

학생이지만 공부를 하지 않는 학교에서, 그렇게 지내는 게 하나도 이상하지 않았습니다. 그러던 체육중학교 2학년 때였어요. 초등학교 반창회를 갔는데 거기에 온 아이들이 영국의 유명한 소설가이자 시인 토머스 하디의 작품 《테스》에 대해 얘기를 하고 《파브르 곤충기》에 대한 대화를 나누더군요. 그때 저에게는 이를테면 '자각'의 계기가 찾아왔죠. '아 나는 정말 무식하구나'라는 깨우침 말입니다. 내가 일반 중학교에 다니는 아이들에게 뒤지지 않으려면 열심히 책을 읽어야겠다는 다짐을 했습니다.

솔직히 말하면 당시 저로서는 '운동하는 아이'라는 콤플렉스가 있었어요. 그 시대는 보통 일반인들 사이에 운동선수들은 공부를 안 해서 좀 무식하다는 식의 편견이나 선입견이 있었던 게 사실입니다. 아버지께서 주변에서 그런 얘기를 많이 듣는다는 것도 알았어요. 그래서 부모님들을 졸랐습니다. 삼성출판사에서 나온 '세계문학전집'을 샀어요. 저는 그 책들을 전부 다 읽었지요.

그리고 또 한 가지 제가 잘한 것은 그 시절 이기현의 《기본종합영어》라는 책이 있었어요. 중학교 때부터 그 책으로 영어 공부를 했습니다. 문제는 학교 교과 과목이었죠. 4교시까지 하고 공만 차던 제가 일반 학생들의 진도를 따라가기 힘들잖아요. 그래서 새벽에 일어나서 공부하고 밤을 새워 공부하고 그랬습니다. 어떤 때는 제가 모르는 내용이 많아져서 더 파고들다 보니 코피도 흘리고 그랬습니다. 돌이켜보면 그때만큼 자발적으로 열심히 공부한 적도 없는 것 같네요. 하하.

Q 운동선수이니까 학교나 집에서 공부를 강요하는 분위기는 아니었을 거였을 텐데요? 그런데도 독학이나 다름없는 방법으로 스

스로 알아서 실력을 쌓았으니 대단한 학생이었습니다.

이재강 "공짜로 학교 다니면 공부 안 한다."는 말이 있잖아요. 저는 그런 소리를 듣기 싫었습니다. 사실 초등학교 때부터 제가 공부를 좀 잘했던 것 같아요. 전교에서 손꼽힐 정도였거든요. 체육중학교에서도 항상 우등생이었죠. 운동을 하면서도 스스로 알아서 공부를 했으니까요. 학생들이 전부 운동선수였기에 공부를 게을리하는 편이니 당연히 제가 두각을 드러낼 수밖에요. 영어, 국사 선생님을 비롯해 몇몇 선생님들이 저를 무척 칭찬하고 인정해 주셨죠.

"축구부에 있는 이재강이가 똑똑하더라. 영어도 잘하더라."

이런 얘기 정말 많이 들었습니다. 특히 체육중학교나 동아고등학교 시절에 영어 선생님들은 수업시간에 의도적으로 저에게 질문하곤 하셨습니다. 그럴 때마다 똑 부러진 대답을 하기 위해서 노력했고, 돌아오는 칭찬이 자극제가 되어 더욱 노력했던 것 같습니다.

Q 부상으로 축구를 그만두고 고3 때부터 준비해서 들어간 곳이 부산대학교 정치외교학과였다죠? 운동선수 출신을 얕봐서 드리는 말씀은 아닙니다만, 그 시절 부산대학교는 국립대학이었고 경

쟁률도 높았을 텐데, 어떻게 그런 결과를 이끌어내셨나요?

이재강 네 그렇습니다. 부산대학교 정치외교학과에 재수도 안 하고 한 번에 합격했습니다. 축구선수 출신이었지만 꽤 높은 성적을 받았거든요. 그래서 학교 담임 선생님이나 친구들이 놀라워했습니다. '공부를 1년 정도밖에 안 한 녀석이 어떻게 이렇게 높은 점수가 나왔지?' 하면서 말이지요.

대입 예비고사 성적표 받았을 때 제 옆자리 친구는 기대치에 못 미쳤는지 화가 나는 것을 감추지 못했던 기억이 납니다. 그 친구는 부산대 경제학과에, 저는 정치외교학과에 원서를 접수했거든요. 그때 원서 접수 창구 담당자가 "점수가 좋은데 왜 여기 왜 왔냐?"고 물을 정도였으니까요. 다행히 장학금을 받고 들어갈 수 있을 정도의 점수였습니다.

Q 중학교, 고등학교 때 축구 같이 했던 동료들이 부산대 합격 소식 듣고 깜짝 놀랐겠습니다?

이재강 하하 그러니까요. 깜짝 놀라는 정도가 아니었습니다. 다들 말도 안 된다고 난리를 쳤죠. 그들은 제가 운동을 하면서도 혼자서 공부를 해왔다는 사실을 자세히 모르고 있었으니까요. 이를테면 있을 수 없는 일이 벌어졌다고 생각한 거죠.

민주화 시위에 앞장선 부산대 정외과 80학번

Q 꿈꾸던 정치외교학과에 들어가서는 더 공부에 집중하셨겠습니다. 1980년에 입학하신 거죠? 그 시대가 역사적으로 참 혼란스러운 그런 시절로 기억하고 있습니다. 그렇더라도 외무고시 합격이라는 구체적인 목표를 가지고 계셨으니 남다른 결의로 학업에 임하셨을 것 같은데, 소장님의 대학 생활은 어떠셨나요?

이재강 말씀하신 대로 제가 80학번입니다. 1980년 3월 입학식 날부터 선배들이 시위하는 걸 목격했습니다. 철권을 휘두르며 장기 집권했던 박정희 전 대통령이 그 전해인 1979년 10월 26일 사망하고, 그해 12월 12일 전두환이 군사반란으로 군을 장악했죠. 학생들로서는 18년간의 군사정권이 무너졌기에 민주화에 대한 열망이 달아올랐으나, 또 다른 군부에 의해 민주화의 열망이 가로막히니까 캠퍼스가 날마다 시끄러웠습니다.

제가 법정대학 정치외교학과 1학년 과 대표였거든요. 체격이 좀 되잖습니까. 게다가 과 대표이니까 선배들이 "대자보 붙일 풀을

써와라.", "대자보를 어디 어디에 붙여라." 하면 제가 기다렸다는 듯이 실행으로 옮겼습니다. 그때도 해야겠다고 마음먹으면 실행하는 데 주저함이 없었습니다. 그해 봄 부산대학교에 붙어 있는 대자보는 거의 다 제가 다 붙였다고 해도 과언이 아닐 정도입니다.

그리고 한 가지 더, 깃발 담당도 했죠. 시위할 때마다 각 단과대학 또는 학과 깃발을 들고 모였는데, 키가 큰 제가 들면 우리 학과 깃발이 가장 높이 올라가 휘날렸습니다. 이제 와 자랑으로 늘어놓을 얘기는 아니지만 그럴 때마다 선배들로부터 칭찬 많이 받았지요. 교문 앞에서 시위하다가 경찰과 대치할 때면 농구대를 옮겨야 했는데, 무게 때문에 그게 쉽지 않거든요. 그럴 때도 제가 나서서 힘 좀 쓰고 그랬습니다. 아니 선배들이 "이재강이 어디 갔노?" 하고 찾았을 정도였다니까요. 하하.

Q 대학에 들어가자마자 뜨겁게 지내셨군요. 어렵사리 공부해서 들어간 대학이고, 분명한 꿈이 있었으니 그러기 쉽지 않았을 텐데요. 이 외에 다른 에피소드도 많았겠군요?

이재강 좀 있었죠. 지금도 기억나는 것은 동기나 선배들의 엉뚱한 걱정이었습니다. 제가 중고등학교 시절 축구를 했다고 하니까 저를 특기생으로 알고 있는 사람들이 많았어요. 특기자는 데모를 하면 바로 제적당하는 시대였거든요.

"저 친구는 특기자가 와 저래 데모를 하노."

이런 소리를 자주 들었습니다. 그럴 때마다 속으로는 웃었죠. 또 학교 간 교류를 위한 체육대회 같은 게 있었거든요. 제가 학교 다닐 때는 영호남 체육대회가 있었어요. 부산대학교에서 전남대학교로 축구를 하러 가야 하는데 축구선수 11명이 안 모이는 겁니다. 국립대학교는 특기생들이 체육교육과에 입학합니다. 선택 학과가 제한적이다 보니 특기생이 많지 않았습니다. 그래서 우리 학교에는 축구선수를 모아도 9명 정도밖에 안 됐거든요. 당시 체육중학교 동기 중에도 특기자로 입학한 친구들이 있었어요. 그러니 그 친구들이 저를 불러서 같이 경기를 하러 가곤 했습니다.

Q 말씀하신 것처럼 1980년대는 민주화를 요구하는 학생들의 시위가 끊이지 않는 시기였지요. 그 과정에서 안타깝게 목숨을 잃은 분들도 많고요. 그런 까닭에 학생운동을 하다 수배 선상에 오르는 경우도 많았습니다. 소장님께는 그런 일이 없었습니까?

이재강 없을 리 만무하죠. 저도 사연이 많았습니다. 학교 입학한 지 두 달 조금 지나 5·18 광주민주화운동이 있었습니다. 그때 시위하다 수배자 리스트에 올라서 도망 다녔습니다. 5월부터 10월

정치학도이던 대학 시절 열혈 운동권이었으며, 학문적 열의도 높아 졸업 후 대학원에 진학했다.

까지 수배자 신세였습니다. 그 바람에 5개월 동안 숨어 살기도 했습니다.

그 당시 교내에서 시국 토론회를 하면 가장 먼저 나가서 마이크를 잡았습니다. 과 대표인 데다 제가 목소리도 좀 크니까 어쩌면 당연한 일이었어요. 김수영 시인이나 신동엽 시인의 시를 읊기도 했습니다. 특히 김수영 시인의 〈거대한 뿌리〉와 신동엽 시인의 〈껍데기는 가라〉라는 시를 자주 읊었습니다. 그런 다음 집회를 정리하고 시위에 들어갔습니다. 시위 대열에 서서 학생과 시민을 향한 메시지를 전달하고 깃발 들고 일어서곤 했죠.

제가 늘 학내 집회와 시위 현장에서 그런 역할을 해왔으니 제가 도망가 있는 동안 집회가 있을 때 선배들이 저를 찾기도 많이 찾았다고 하더군요. "야, 이재강 어디 갔노? 신동엽이 어디 갔노?" 라고 하면서 말이죠.

2학년 때였습니다. 그때는 전두환 정권 초기라서 여러모로 삼엄한 시기였습니다. 그러니 집회와 시위가 쉽지 않았습니다. 어쩌다 학교에서 집회라도 한번 열면 소위 '백골단'이라고 불리던 이들이 들이닥치기 일쑤였습니다. 그뿐만 아니라 사복경찰이 학교 곳곳과 도서관에 들어와 상주하다시피 했거든요. 우리가 도서관에서 유인물을 뿌리면 단 1분 만에 제압되곤 했습니다. 그러다 보니 우리는 더 극단적으로 활동하게 되었습니다.

이를테면 도서관 꼭대기 층 창문에서 밧줄을 타고 내려가는 식이었죠. 특히 부산대학교 사회관 앞 잔디밭이 좀 넓었는데 외곽에 있는 키 큰 전나무나 측백나무가 해마다 하나씩 잘려나간 정도였어요. 1982년도부터 1년에 한 그루씩 사라졌습니다. 사복경찰이 학교 곳곳에 깔려 있어서 학생들이 모이지 못하니까 주동자들이 나무 밑둥지에 불을 지르고 나무 위에 올라가서 메가폰을 들고 외치며 시위를 주도하는 겁니다.

"학우여! 도탄에 빠진 민중들을 구합시다!"

몸에 불을 붙이고 올라가서 구호를 외치는 일도 있었으니까요. 실제로 같은 학교에 하근이라고 철학과 친구가 있었어요. 4학년 때 나무에 올라가서 시위를 주도했지요. 그때 3,000명 정도 모였던 걸로 기억합니다. 안타깝게도 그 친구는 지금 고인이 되었습니다만….

Q 굉장히 열혈 운동권이셨던 모양입니다. 그러면서 학업을 이어가기가 쉽지 않았을 텐데 누군가 도움을 주신 적이 있었나요?

이재갑 물론입니다. 저는 다행히도 지도교수님 덕을 톡톡히 봤습니다. 앞에서 말했듯이 제가 정치외교학과 과 대표여서 대규모 시위 때마다 앞장서 연설을 한다든지 맨날 플래카드를 들고 돌아다니니 교수님들 눈에도 띄었겠지요.

그런데 대학교 1학년 때 제가 시위하고 쫓기느라 마땅히 기거할 곳이 없었어요. 그때 우리 과 지도교수님이 저를 좋게 보셨는지 연구실에서 잠을 잘 수 있게 허락해주셨습니다. 어쩌면 저를 감시하기 위해서였는지도 모르겠지만. 보통 연구실에서는 숙식을 못 하게 돼 있는데 마치 우리 집에서처럼 연구실 소파에서 잠을 자곤 했어요. 극히 드문 일인데 군대 가기 전까지 7년간 연구실에서 잠을 잤을 정도로 크게 배려해주셨습니다.

해병대 장교로 입대, 연예대장으로 복무

Q 지도교수님의 엄청난 배려가 있었군요. 당시의 상황에서 연구실을 내어줄 정도면 학생에 대한 믿음이나 기대가 컸던 것이라 봐야겠지요. 대한민국의 청년 남성에겐 그때나 지금이나 군 복무라는 통과의례가 있는데요. 군에는 대학을 마치고 갔습니까? 학생운동 전력이 군 생활에 영향을 미친 적은 없었나요?

이재강 입대한 시기가 1987년도였습니다. 석사를 마치고 박사과정을 밟는 도중에 갔으니 또래들보다는 많이 늦게 입대한 경우입니다. 운동권 학생이었던 제가 석박사과정을 마치 미리 준비한 사람처럼 계속 이어갔으니 조금 이해가 안 될 수도 있을 겁니다. 그런데 사실은 제가 학부를 사회과학대학 수석으로 졸업했습니다. 지금도 정확히 기억나는데 졸업 평점이 3.87이었어요. 시험을 보면 거의 모든 전공과목에서 A플러스 학점을 받았습니다. 그래서 교수님들 사이에서도 많이 의아해하는 분위기였죠. 허구한 날 시위하고 도망 다니는 학생이 학점은 왜 이리 좋냐는 식으로 고개를 갸웃거리셨으니까요. 성적이 좋았기 때문에 동기나 후배들은 제가 대학원에 진학하는 것은 당연한 일로 여겨졌습니다. 선배 중에 "계속 석박사 하면 부산대 정치학과 교수도 할 수 있겠다." 라고 말하는 사람이 있을 정도였습니다.

그런데 제가 대학원에서 공부하던 그 당시에 부산대학교 정치외교학과와 해군사관학교 간에 교류가 있었습니다. 해군사관학교에 국제관계학과 교수가 필요한데 지도교수님이 저를 그쪽에 추천하려고 하셨어요. 어차피 군대는 다녀와야 하니까. 그러려면 박사과정 중이니 해군사관학교 교수 요원(교관)으로 가는 게 어떻겠냐고 하신 거죠. 그래서 해군 장교 시험을 보게 되었고, 또 당당히 합격하여 교수님의 기대에 부응했습니다. 그리니 이제는 희망하는 대로 해군사관학교 국제관계학과 교관 보직이 주어질 줄 알았는데, 지원하지도 않은 정훈병과로 발령이 나서 중위로 임관하게 되었습니다.

처음 근무지가 포항에 있는 해병 1사단 2연대였습니다. 해안 방어도 하고 해병대에서 열심히 군 생활을 하던 중 진해 5전단 장교로 발령이 났습니다. 1988년 당시는 국회에서 청문회 스타 노무현 위원이 전 국민적으로 각광받던 시절이었습니다. 이듬해인 1989년 1월 5일 육군의 초급장교 2명이 양심선언문을 발표하고, 군의 정치적 중립을 촉구한 사건이 있었습니다. 이른바 '군 명예선언'으로 육군에서는 당시 큰 문제로 떠올랐던 사건이었습니다. 군에서 군 간부가 정치에 개입하고, 선거 때마다 군인들에게 보수 정치인에게 몰표를 강제한다는 그런 문제가 불거진 겁니다.

해군과 해병대에도 그런 움직임이 있을지도 모르니 전군에 비상이 걸려 국군보안사령부가 두 눈을 부릅뜨고 군 간부들을 조사하는 일이 있었습니다. 그때 제가 걸린 거죠. 군 명예훼손을 할 가능성이 가장 큰 사람으로 지목된 겁니다. 그때 보안대에 잡혀가서 상당 기간 지하실에서 취조를 받기도 했습니다. 조사를 마친 뒤 징계를 받았는데 죄명이 '불온사상 영내 유입 기도 죄'였습니다. 이건 참 말도 안 되는 그런 일이었지요. 저로서는 굉장히 억울했습니다.

보안대에서 제가 있는 BOQ(장교 숙소)를 뒤졌는데 부마항쟁기념사업회 관련 서류가 있었던 겁니다. 당시 휴가를 나가면 선배들의 요청으로 부마항쟁기념사업회의 문건정리를 도와주곤 했는데, 그와 관련한 서류 일부가 있었던 거죠. 게다가 제 BOQ에는 당시 《북한의 이해》라는 서적, 재독 음악가 윤이상 선생의 〈광주여 영원히!〉 카세트테이프, 동료 장교가 필사한 시들(내가 절창하던 시구들을 같은 방 쓰던 S대 출신 장교가 받아 적어서 장교 숙소 벽에 도배를 했다는데 주로 신동엽 시인, 김수영 시인, 조태일 시인, 황명걸 시인들의 시였다)도 있었습니다. 이걸 발견한 보안대가 "이거 완전히 빨갱이 불온사상을 군에 유입하려고 한다.", "불온사상 영내 유입 시도다."라고 죄를 뒤집어씌운 거죠. 그래서 한때 제 병역사항란에 빨간 줄이 올라가기도 했습니다. 지금은 병역사항에서 없어졌지만, 그 당시에는 저를 '빨갱이 장교'로 못 박은 거죠. 그러니 보안대 끌려갔다 온 후로 해군과 해병대 내에서 군 지휘관들이 날 아무도 받아주려 하지 않는 겁니다.

Q 그때 무척 힘든 시기를 보내셨을 듯합니다. 해군사관학교 교관을 염두에 두고 지원하여 장교로 임관했는데, 정훈장교로 원치 않는 보직을 받은 것도 아쉬웠을 텐데, 국군보안사령부의 타깃이 되어 보안대에서 취조도 받고, 불온사상을 유입하려 한 죄목까지 얻으셨으니 말입니다. 그런데도 끝까지 장교로 근무하다 제대하신 건가요?

해병대 정훈장교로 군 생활을 했다. 우여곡절 끝에 연예대장으로 복무하다가 전역했다.

이재강 석사를 마친 장교는 정훈장교로 가면서 중위로 임관했습니다. 하지만 임기 중에 진급이 없어서 계속 중위를 달고 있다가 제대할 때도 중위로 제대하던 때였습니다.

여하튼 당시 보안대 다녀온 것 때문에 빨갱이라는 낙인이 찍히긴 했지만, 계급 자체가 강등되진 않았습니다. 하지만 그 주홍글씨 탓에 받아주는 곳이 없으니 오갈 데 없는 신세가 된 셈입니다. 어디에도 나를 받아들이지 않으니까요. 결국엔 해군본부에 있던 해군 연예대(해군 홍보단)의 연예대장으로 보직을 받아 가게 되었습니다. 당시에 육군은 연예 사병들로 구성되어 군 대외 홍보 활동과 문화 활동을 하는 '문화선전대'라는 부대가 사단마다 있었습니다. 이를 줄여서 '문선대'라도 불렀지요. 이들은 주로 각 부대 위문공연을 많이 다녔습니다. 해군·해병에는 사단마다 있는 육군의 문선대와는 달리 중앙에 단일 연예대가 있었습니다. 남해·서해에 있는 낙도를 방문하여 홍보 활동도 하고 해군·해병 장병들을 찾아다니며 위문공연을 전투적으로 수행하던 부대입니다. 그런 부대의 연예대장으로 부임하였던 것이지요. 그러고 보니 해병 1사단 2연대(포항)에서 근무한 1년 빼고는 2년 동안 연예대장을 했었습니다. 마지막 군대 생활을 거기서 마쳤으니까요.

Q 해군·해병대 모든 위문공연을 맡아서 하신 건데 그때 함께 근

무한 연예 사병은 어떤 분들이 있었는지 갑자기 궁금해지네요?

이재강 그 당시 함께 해병연예단에 속해서 활동했던 이들 가운데는 이름만 대면 알 만한 분들이 많이 있었습니다. 방송인으로 활동하고 있는 지석진, 김용만, 〈개그콘서트〉에서 큰 인기를 끓었던 심현섭, 가수 김건모, 김신우, 추가열 이런 분들이 당시 저와 함께 근무한 대표적인 연예 사병이었죠. 연예 사병들은 위문공연 시에 맡는 각자의 임무나 역할도 해내야 하지만 평소에도 각자의 임무가 있었어요. 당시 일테면 김건모 씨는 소위 '창고지기'라고 하는 창고병이었어요. 당시만 해도 지금처럼 아주 유명한 시절은 아니었습니다. 창고병의 주요 임무는 섬에 가져다줄 약품을 관리하는 일이었죠. 가수 추가열 씨도 가깝게 지냈고요.

그런데 연예 사병들과 1년에 수십 회의 위문공연을 다녔으니까 딱히 누구랄 것 없이 다 친해질 수밖에 없는 상황이 되더군요. 섬 지역에 가면 숙식을 같이하면서 거의 식구처럼 지냈습니다. 그때 우리가 총 25명이어서 '25인조'라고 말할 정도였으니까요. 사실 제가 군에 늦게 갔기 때문에 연예 사병들과는 나이 차이가 좀 있었죠. 그래서인지 지금도 저를 만나면 친한 형님처럼 대해주죠.

예전에 〈TV는 사랑을 싣고〉라는 방송 프로그램이 인기가 좋았잖아요. 실제로 지석진, 김용만, 김건모 그분들이 대중의 인기를 한참 받기 시작할 때 저를 찾아서 영국에까지 연락해왔어요. 그 방송은 생중계하고 그랬잖아요. 방송에 나가기에는 여러모로 어려운 상황이라서 제가 못한다고 양해를 구했죠. 이미 각본은 다 짜여 있었던 것 같은데…, 그때 나갔으면 정치에 좀 도움이 됐을까요? 후에 들은 얘기지만 그때 저를 찾느라 엄청나게 애를 먹었다고 하더군요.

Q 본의 아니게 맡은 연예대장이었지만, 특이한 경험을 많이 하신 셈이군요. 제가 알기로 군 위문공연은 군에 있는 연예 사병만 아니라 현업 활동 중인 연예인들도 많이 와서 무대에 함께 올라가서 인기도 좋았던 걸로 압니다. 그런데 그런 위문공연에 출연할 연예인을 섭외하는 일이 쉽진 않으셨을 텐데, 섭외할 때 애를 먹진 않았습니까?

이재강 제 자랑 같지만, 그때 연예인 섭외 능력만큼은 아주 높게 인정받았습니다. 유명하다는 연예인들은 거의 다 부를 수 있을 정도였어요. 지금은 사라진 관행이겠지만 그 당시에는 연예인 섭외 시 남모르게 오가는 뒷돈이 있었습니다. 일종의 매니저와 군 섭외 담당자의 뒷거래 같은 거였죠. 한 가수의 출연료가 100만 원이라고 하면, 그중 일부를 매니저가 알아서 군 섭외 담당자에게 떼어주는 그런 식인 거죠. 하지만 제가 섭외를 담당하면서부터는 그런 부패한 문화를 완전히 없애버렸습니다.

연예대장을 맡았을 초기에 그런 잘못된 문화가 있다는 걸 알게 되었던 거지요. 입대하기 전까지 민주주의를 외치고, 정의로운 사회를 어떻게 운영할 것인가를 연구하던 사람이 이런 불합리하고 왜곡된 관행을 두고 볼 수는 없었습니다. 그래서 그 사실을 알고 나서 제가 바로 매니저들한테 당부했습니다.

"이런 뒷돈은 필요 없습니다. 공연만 열심히 잘해주시면 됩니다. 부탁을 드릴 게 하나 있는데, 다른 건 다 필요 없으니 저희가 요청드리면 바쁘시더라도 꼭 무대에 서게 해주십시오."

진심이 통했던 걸까요? 초기에 이렇게 바로 잡고 나니, 그 후로 제가 매니저들에게 출연을 요청하면 거의 대부분 들어주고, 일정을 바꿔서라도 기꺼이 무대에 서주곤 했습니다. 늦은 감이 없지 않지만, 그분들께 이 자리를 빌려 감사의 말씀을 전하고 싶습니다. 고맙습니다.

세 번의 낙선, 민주당 험지를 바꿔 놓다

Q 군 생활에서 나름 우여곡절도 있었지만, 다행히 장교로 전역

연예대장으로 근무하면서 부패한 문화를 완전히 없앴다.

할 수 있었으니 다행입니다. 그럼 다시 2012년 당시 대통령선거로 돌아가 보겠습니다. 궁금한 게 있습니다. 당시 12월 대선에서 문재인 후보가 이길 거라고 생각하셨습니까?

이재강 2012년 4월 총선에서 당선된 문재인 당시 의원이 대통령으로 당선된다는 설이 정설처럼 굳어져 있었습니다. "문재인 의원이 대통령 되면 청와대 홍보수석으로 가라."고 농담 같은 말들이 오갈 정도였으니까요. 하지만 당락은 결과일 뿐. 당시 제가 해야 할 일은 온전히 대선에 전념하는 것이라 생각했습니다. 문재인 부산선대본에서 조직본부장을 맡아서 큰 역할을 했고, 또 팟캐스트로 인기가 높았던 '달님방송국'을 시작해서 문재인 캠프에서 전국구 방송을 담당했습니다. '유나톡톡'이라는 코너가 특히 빛을 발했죠.

하지만 2012년 12월, 대통령 당선자는 문재인이 아니었습니다. 20년의 영국 생활을 청산하고 귀국해서 1년간 고군분투한 결과가 저 개인의 총선 패배와 민주 진영의 대선 패배였습니다. 특히 대선에서의 승리가 확실하다고 생각했던 터라 실망도 컸지만, 그럴수록 제가 해야 할 일이 분명해지는 느낌을 받았습니다. 바로 지역에서 밭갈이를 제대로 하자는 결기가 생겼던 것입니다.

Q 그래서 다시 또 도전하게 된 거군요. 2012년 처음 도전한 총선에서 30%라는 좋은 성적으로 출발했지만 이후 세 번 연속 낙선을 하셨습니다. 득표율은 어땠습니까?

이재강 19대 선거에서 29.38%였는데, 20대 선거에서는 34.81%로, 또 그다음 21대 선거에서는 42.20%로 매회 상승했습니다. 당 입장에서는 득표율이 계속 늘어났기에 나름 고무적인 일일 수도 있었을 테지요. 하지만 당사자인 저로서는 늘 2위만 하다가, 그것도 큰 차이도 아닌 득표율로 낙선의 고배를 마셨으니 아쉬움이 컸습니다.

Q 당연히 마음이 편치 않으셨을 듯합니다. 하지만 21대 총선에서 부산에서 42%를 넘어섰다는 것은 대단한 득표율 아닙니까?

이재강 처음에는 제 지역구가 서구였는데 인구가 줄어서 두 번째 20대에서는 동구까지 포함됐습니다. 어느 한 정당에 유리하도록 부당하게 선거구를 책정하는 이른바 '게리맨더링gerrymandering'으로 그렇게 되었습니다. 사실 선거 두 달도 안 남은 2016년 2월 23일에 그렇게 됐으니 지금까지 관리하지 못했던 동구에서의 득표율이 저조했고, 어찌 보면 그것은 당연한 결과였던 거죠.

두 번째 고배를 마신 뒤엔 한두 번 해서 안 되면 차라리 수도권으로 지역구를 옮겼어야 했던 게 아니냐고 조언하는 목소리가 높았습니다. 주변에서도 정치 분야 공부도 제대로 했고, 인물도 좋고, 준비도 잘돼 있는데 수도권에 출마할 일이지 뭐가 아쉬워서 계속 부산에서 공천을 받았느냐는 아쉬움의 질타가 적지 않았던 게 사실입니다.

Q 말씀하신 것처럼 "왜 부산에 내리 3선 도전하느냐."라는 주변의 질타도 있었을 터이고, 본인 또한 선거 지역구 변화에 대한 갈등이 있었을 텐데 계속 부산을 고집한 이유는 뭡니까?

이재강 수도권의 어느 지역으로 옮겨가자는 말이 나왔었죠. 하지만 제가 내린 결론은 이거였어요. "큰 정치를 하려면 이 험지에서 꼭 승리해야 한다. 그렇게 해서 내가 하고 싶었던 도시재생을 비롯한 다른 여러 가지 큰일들을 반드시 해내고 싶다."

그리고 또 다른 이유 하나를 꼽는다면, 정치 신인이 민주당 험지에서 득표율을 만들어내기까지는 지역에서 저를 믿고 응원하며 열심히 선거운동을 함께한 동지들의 말에도 귀를 열어야 하는 게 당연한 거잖아요. 그들은 "다음에 꼭 됩니다, 다시 도전합시다."라고 했죠. 엄밀히 따져보면 3선 도전을 부산의 같은 지역구

┃ 더 큰 일을 하기 위해서라도 반드시 이겨야겠다고 각오했다.

에서 이어간 절반의 이유는 선거 캠프 동지들의 지지와 마음이었습니다. 또 다른 절반은 제 다짐, '내가 이겨야 큰 정치로 이어진다. 여기서 국회의원 한 번으로 마칠 것이 아니고 더 큰 일을 하기 위해서라도 내가 여기서 반드시 이겨야겠다'라는 각오였습니다. 이런 믿음과 간절함이 번번이 패하면서도 부산의 서구를 떠날 수 없었던 이유였습니다.

Q 뼈아픈 패배를 세 번이나 하셨지만, 선거를 치르면서 다양한 경험을 하셨을 겁니다. 지역구 유권자들과 가까이서 만나면서 많은 얘기도 듣고 선거 활동 과정에서 평가도 받으셨을 테지요. 이런 과정에서 얻은 것은 무엇이었습니까?

이재강 제 지역구에는 어르신들이 많은 편이어서 유권자들을 만나는 일도 쉽지 않았습니다. 이를테면 거리에 오가는 사람들이 많이 없습니다. 유권자들을 직접 만날 수 없는 지역의 특성상 결국엔 벽을 바라보고 나 홀로 유세를 하는 이른바 '벽치기 유세'만 하는 상황이 잦았습니다. 세 차례 모두 제가 지역 노인분들을 3,000명도 채 못 만나고 선거를 했던 것 같습니다. 그때 저는 영국의 선거 제도가 무척 부럽고 그리웠습니다. 영국에서는 선거 활동 기간 아니라도 가가호호 방문도 할 수 있고 타운홀 미팅도

할 수 있거든요. 그러니 만일 나에게 영국과 같은 선거법이 허용되었더라면 이미 초선부터 집집마다 찾아가 인사드렸을 것이고, 일찌감치 국회의원 되지 않았을까 하는 아쉬움이 컸습니다.

또 한편으로는 민주당으로서는 지역구 자체가 정말 어려운 험지였습니다. 세 번 도전하는 내내 욕을 엄청나게 듣고 다녔습니다. 제 귀에 똑똑하게 들릴 정도로 '빨갱이 새끼 온데이'라고 했으니까요. 서구·동구 지역구가 주로 피난민들로 이루어진 산동네입니다. 산동네 구석구석 경로당을 방문하면 할머니들이 입구에서 팔로 'X'자를 그리면서 '들어오지 말라'고 말 없는 시위를 하는 지역이었어요.

하지만 선거 기간 관계없이 10년이 넘도록 골목골목 굽이굽이 찾아다니며 대화하고 민원을 청취하며 텃밭 갈이를 하면서 지역 주민들로부터 소속 당과 관계없이 "이재강 그놈아 괜찮네. 정치 잘하겠다." 하는 평가를 마침내 받아냈을 때는 더 열심히 해야겠다는 마음을 다시 먹게 되는 겁니다. 참 슬픈 현실이었지요. 시시포스 신화에 나오는 것처럼 열심히 바위를 굴려 정상까지 밀어 올려놓으면 다시 굴러떨어지는 것과 같은 일인 거죠. 제가 바로 시시포스였던 겁니다.

Q 부산에서 활동하시다 보면 상대적으로 민주당이 좀 해볼 만

더불어민주당의 험지인 부산 서구·동구에 3차례 출마하여 낙선했다. 그러나 지방의원을 늘리는 등 의미 있는 성과를 거두었다.

한 지역들이 있지 않습니까? 소위 '낙동강 벨트'로 불리는 사상구, 강서구, 사하구 같은 곳들은 생각해보지 않으셨던 건가요?

이재강 실제로 당내에서도 "사상으로 옮겨라.", "아니다. 해운대을로 옮겨라." 하는 식의 말들이 있었습니다. 하지만 저는 제가 태어나지는 않았지만 유년기부터 성장한 지역이라 고향이나 다름없는 이곳 서구에서, 이 험지에서 이겨야 빛난다는 소신과 각오가 컸던 것 같습니다. 지난 이야기이지만 2016년도 20대 총선 결과 부산에서 18개 지역 더불어민주당 후보 가운데 다섯 명이 당선됐습니다. 당으로서는 처음 있는 경사였지요. 당시 벡스코에서 당원이 500명 이상 모인 당선 축하 대회가 있었습니다. 유튜브 방송을 한 거죠. 이동형 씨가 사회를 보는데 갑자기 부산진구갑 당선자인 김영춘 의원이 마이크를 잡더니 행사 모두에 "이재강 위원장 좀 나와주십시오."라고 무대로 불렀습니다. 그러고는 이런 말을 하더군요.

"잠시만요. 방송하기 전에 말씀드리겠습니다. 이재강 위원장 좀 나와주십시오. 이런 분이 골고다Golgotha 언덕에서 십자가를 졌기 때문에 우리가 이겼습니다. 험지인 그곳에서 십자가를 계속 지고 있는 이재강 위원장이 다음에는 싹 당선되도록 우리 모두가 응원하고 힘을 모읍시다."

서구지역이 민주당에 험지라는 사실을 정말로 모르는 사람이 없죠. 그러니 민주당 후보들로서는 누구도 도전하려고 하지 않거든요. 실제로 진보 진영이 후보를 하나도 안 내세워서 구청장도 보수 진영이 무투표로 당선되는 지역이거든요.

제가 서구에 첫출마하던 2012년 당시 민주당 구의원이 단 한 명 있었어요. 그래도 다른 구는 서너 명씩은 있었는데. 하지만 제가 그 지역구에 뛰어든 후로 여러 명의 구의원이 나타났죠. 급기야 구의원이 7명이나 탄생했습니다.

Q 험지에서 오래 고생하신 노력이 결실을 본 셈이군요. 한 명밖에 없던 구의원을 일곱 명이나 탄생시켰다는 건 그만큼 유권자들을 설득하고 감복시켰다는 뜻이겠습니다. 이 험지에서 그리 오래 활동하시려면 주변에 사람이 좀 많아야 하는 게 아닐까요? 지역에서나 당내에서 '마당발'이라는 얘기도 있던데 사실입니까?

이재강 제가 대학교 다닐 때나 영국 유학 시절에 별명이 '야전사령관'이었습니다. 나름 부지런하게 뛰어다니고 사람들을 많이 만나기 위해 안 간 데가 없었습니다. 그러니 정치에 뛰어들고부터는 더 부지런하게 움직였고요. 정말 많은 사람과 만났죠. 21대 총선 후보 시절까지만 해도 전화번호가 1만 3,000개 정도는 됐던 것 같아요. 지금은 줄여서 7,000개 정도 됩니다. 제가 줄이고 줄여서 7,000개 갖고 있습니다.

Q 친구든 지인이든 보자고 하면 "일단 고우go" 외치면서 먼 데도 찾아가는 분들이 있는데, 그쪽 스타일에 가까운 듯합니다. 사람 좋아하는 기질이 인상에서도 좀 느껴집니다. 그런데 반대로 본인은 어떤 스타일의 사람들을 좋아하십니까? 주변을 돌아보면 친하게 지냈던 사람들의 유형이 있을 것 같은데요?

이재강 딱히 '어떤 스타일'이라고 특정 짓기는 좀 어렵습니다. 대학교까지의 학창 시절 모든 친구는 여기저기 흩어져 있고, 또 영국에서 오래 살았던 만큼 그곳에서 만난 사람들도 있습니다. 귀국해서는 정치 관련 인연들이 많기도 하고요. 그러니 저에게는 어떤 스타일의 사람을 선호한다는 말 자체가 잘 맞지 않는 것 같습니다. 굳이 표현하자면, 저는 '한번 맺은 인연은 끝까지 간다'는 쪽입니다.

그런데 이것만은 분명한 것 같습니다. 제가 인덕이 좀 있는 것 같습니다. 저를 아는 많은 분이 하나같이 저에 대해서 좀 안타깝다는 그런 마음을 갖고 있고 또 말로 표현하곤 합니다. "진짜 아깝다. 진짜 큰일 할 수 있는데.", "왜 그리 안 풀리냐.", "곧 좋은 날 있을 거야." 이런 말도 많이 해주죠. 또 저를 만났을 때 바라보는 눈빛이 다들 좀 애절하죠. 그리고 제가 지금 의정부에 있는데도 그들이 찾아옵니다. 무엇이든 도움을 주려고 합니다. 이쯤 되면 저는 복 받은 사람, 행복한 사람입니다.

Q 늘 주변에 사람이 많은 만큼 그들이 좋아하거나 인정하는 장점 같은 게 있을 것 같습니다. 어떤 이야기를 제일 많이 듣는지요?

이재강 제 별명이 하나 있는데 '울보'입니다. 눈물이 많습니다. 문학 작품을 읽을 때도 그렇고 텔레비전을 보면서도 잘 웁니다. 그래서 아내가 옆에서 지켜보다가 "정민아! 아빠 좀 봐라. 느그 아빠 또 운다."라고 놀릴 때도 많았습니다. 저에게 그런 인간적인 면들이 좀 많은 것 같습니다. 힘들고 어려운 사람들 보면 가만 못 있거든요. 그런 인간적인 면면들을 사람들이 좋아하지 않을까 싶습니다.

또 한 가지는 좋은 생각들, 아이디어가 많은 사람이라는 평을 많이 들었습니다. 그래서 주변에서는 저에게 "제발 당선돼서 그런 좋은 일들을 실천했으면 좋겠다."고 말합니다. 그런데 아내나 딸의 표현에 따르면 "자신의 잘못을 매우 빠르게 인정하는 사람"이라고 합니다. 이것은 저에게 빠른 판단력과 실행 능력이 있다는 얘기인 것 같습니다. 저는 실행력이 빠르고 강해서 매사에 시간을 끄는 편은 아니거든요.

정치 롤모델은 노무현 전 대통령과 이재명 대표

Q 한국의 정치인 중 개인적으로 가장 존경하는 정치인, 롤모델 있다면 어떤 분입니까?

이재강 사실 전에는 누가 물어도 노무현 전 대통령 한 분을 꼽았습니다. 그런데 지금은 한 분이 더 생겼습니다. 제가 지난번 20대 대선 때 《꿈이 있어 여기까지 왔다》라는 책을 읽었는데 내용 중에 "소년공이 대통령이 되는 신화를 세계만방에 구할 때가 되었다."라는 표현이 있었어요. 이재명 지사와 함께 행정도 해봤지만, 그분을 보면서, 살아온 삶의 역정들이 정치적인 행보에 포함되는 그런 면면에 감동했습니다. 저로서는 노무현 전 대통령님에 이어 저의 정치적인 롤모델로 삼아야 할 분이 바로 이재명 대표라 생각하고 있습니다.

Q 노무현 전 대통령님과 이재명 당 대표를 롤모델로 꼽으니 소장님의 정치적 지향이 어디를 향하는지 짐작할 수 있을 듯합니다.

소장님이 꿈꾸시는 대한민국은 어떤 곳일지 말씀해주실 수 있을까요?

이재강 제가 자라면서 힘들고 가난했기 때문에 평등한 세상을 희망하는 건 아닙니다. 그런 식으로 분풀이하듯 꿈을 꾸는 것은 바람직하지 않으니까요. 다만 우리의 현실을 살펴보면 우리가 활용할 만한 자원들이 충분히 있음에도 불구하고 그것을 충분히 활용하지 못하고, 그 자원의 분배가 엄청나게 불평등한 세상에 살고 있다는 걸 깨닫습니다. 누구 한 사람 소외되지 않고 모두가 다 함께 잘사는 그런 세상을 만들어야겠지요. 정치는 그러기 위해서 최선을 다해야 한다고 생각합니다. 그래서 노무현 전 대통령님이 강조한 '반칙과 특혜가 없는 세상, 상식이 통하는 세상'을 저 역시 원합니다.

저는 '대동大同', 그러니까 '온 세상이 평화롭게 함께 번영하는 나라'를 만들어가는 것이 곧 우리 국민 모두 행복해지는 그런 세상을 열지 않을까 생각합니다. 이런 소망은 이재명 대표님이 말씀하시는 대동세상과 똑같지 않을까 싶습니다.

Q 반칙과 특혜가 없는, 상식이 통하는 대동세상이라 정의할 수 있겠군요. 그럼 소장님께서 정치를 하시려는 궁극적인 이유도 바

로 이 세상을 이루기 위한 것이라 생각해도 좋을까요?

이재강 네, 분명히 말씀드리지만, 그렇습니다. 앞에서 말씀드린 그런 세상을 정말로 만들고 싶어서 정치를 하려는 것입니다. 젊은 시절에 민주주의 가치를 바탕으로 남과 북이 하나 되는 그런 세상을 위해서 내 한 몸 던져야 한다고 생각했는데, 정치를 공부하고 현실 정치에 참여하면서는 더욱 그런 방향으로 생각이 깊어지고 있습니다. '반칙과 특혜가 없는, 상식이 통하는 대동세상'을 이루고자 하는 열망이 더 절실해지고 강해지고 있습니다.

제가 부산에서 문재인 전 대통령을 돕다가 출마를 하게 됐잖습니까. 처음에 부산 서구 또 두 번째 세 번째는 서구와 동구가 합쳐진 지역구에서 세 번을 10여 년 이상 계속 출마하는 과정에서 다양한 것을 경험하고 느꼈습니다. '정치를 한다면 정말 제대로 해야 된다. 정치가 모든 문제의 해결책이다'라는 생각을 굳히게 됐습니다. 유능하고 진실한 정치인들이 올바른 정치를 할 때 모든 위기를 극복하고 난국도 타개할 수 있습니다. 우리나라가 잘 살고 또 모든 국민이 골고루 잘살 수 있는 세상을 만들 수 있다고 생각합니다. 그런 과정에서 전 세계의 평화와 미래 세대를 위한 비전도 펼칠 수 있을 것이라 믿습니다.

Q “정치가 모든 문제의 해결책이다.”라는 말씀에서 소장님께서 정치를 대하는 자세를 읽을 수 있었습니다. 하지만 현실을 보자면 정치에 대한 불신이 큰 것 또한 사실입니다. 대한민국 정치가 왜 국민에게 불신을 받는다고 생각하십니까? 어떤 부분에 문제가 있는 건가요, 정치인의 문제인가요, 시스템의 문제인가요. 아니면 다른 요인이 있을까요?

이재강 근본적인 문제는 우선 정치를 담당하는 정치인 개인의 자질에 있다고 봅니다. ‘정치인이 돼서 이런 것을 바꾸겠다.’ 또는 ‘내가 이런 제도나 환경을 만들보겠다’라고 나름 소신을 갖고 정치를 시작하는 분들이 많습니다. 세상을 바꾸고 새롭게 만들어가고 어떤 공동체를 형성해간다는 그런 신념 속에서 오직 그 목표에만 매진할 때 좋은 결과물이 나오거든요. 하지만 처음에는 정의롭고 발전적인 생각을 가졌던 사람도 정치를 하게 되면 그런 것들이 보이지 않는가 봅니다. 그것은 제가 볼 때 훈련이 덜 됐거나 신념의 형성 과정이 잘못되기 때문이 아닌가 생각합니다.

이 외에도 언론도 한쪽으로 기울어져 있고, 시스템도 부족한 게 사실이지만 우리가 다시 돌아보면 정치인이 제 역할을 제대로 해내지 못하는 것이 이런 불신을 키우는 요인이라 생각합니다.

영국에서 본 '풀뿌리 민주주의'의 힘

Q 소장님은 20년간 런던에서 연구와 생활을 하시면서 영국의 정치를 현장에서 보셨을 텐데요. 영국의 정치를 보면서 우리 정치가 배울 점은 무엇이라고 생각하십니까?

이재강 언젠가 제가 이재명 대표님께도 이 말씀을 드린 적이 있습니다만, 영국에는 정당에 '조직강화특별위원회' 같은 조직이나 기구가 없습니다. 대신 '숏 리스트short list'라는 게 있습니다. 노동당, 보수당 할 것 없이 각 정당은 총선이나 지역 선거가 시작되면 숏 리스트를 만듭니다. 중앙당에서 추천하기도 하지만 지역위원회에서도 추천하여 숏 리스트를 작성합니다. 그런 다음 입후보와 관련한 모든 결정은 숏 리스트에 오른 명단을 두고 지역 전당원 대회에서 투표를 통해 결정합니다. 그러면 중앙당에서 승인하고 공천합니다. 숏 리스트에 의한 지역 전당대회의 후보 결정을 한 번도 어긴 적이 없어요.

예를 들면 도덕성이나 다른 큰 문제가 없는 한, 당원들의 뜻에 반하는 후보는 존재할 수가 없습니다. 그래서 저는 '풀뿌리 민주주의가 바로 이런 거구나' 하고 느낄 수 있었죠. 그러면서 한편으로 우리 정치가 갈 길이 한참 멀었다는 생각을 했습니다.

Q 영국은 정당의 역사가 길잖아요. 그러니 민주주의 시스템도 한발 앞서 있는 게 당연한 것일 텐데요.

이재강 물론 역사가 길기도 하죠. 제가 영국에 있을 때 노동당 지역구에 가서 정당 활동도 했습니다. 당 지역구에서 소위 '전당대회'라고 하는 현장에 가 보면 깜짝깜짝 놀랍니다. 그곳에서 모든 결정을 하는 겁니다.

지금 우리 더불어민주당은 권리당원들의 당원총회는 물론이고 지역위원회별 전당대회도 제대로 이행되지 않고 있어요. 하지만 영국은 다릅니다. 실제로 제가 현지에서 경험했던 예를 들어보죠.

우리 가족이 영국 런던의 북쪽 외곽에 있는 지역구 '엔필드 사우스게이트Enfield Southgate'에서 살았던 적이 있었습니다. '마이클 포틸로Michael Portillo'라는 보수당 출신의 유명한 정치인이 있었어요. 존 메이저John Major 총리 시절에 국방부 장관도 역임하고 차기 수상감이라고 불리던 인물이었습니다. 그런데 그 지역구 노동당의 지역위원장이 공석이 되자 22세의 젊은 '스티븐 트위그Stephen Twigg'가 등장했어요. 제가 볼 때는 '이 사람은 좀 아닌데'라고 생각했거든요. 어릴 때부터 노동당 당보를 집집마다 배달하는 배달소년(paperboy)이었어요. 지역 전당대회에서 그 사람이 지역위원장으로 뽑혀서 하원의원 선거에 출마했는데 당선되었지요. 그 지역 5선 출신의 국방부 장관을 이긴 겁니다. 이게 바로 '풀뿌리 민주주의'의 힘이죠.

Q 현지에서 정당 활동도 하셨다니, 영국 정치인 또는 의원이 실제로 어떻게 일을 하는지 가까이서 지켜보셨겠군요. 그들에게서 특별히 감동받거나 놀라웠던 적은 없었나요?

이재강 저는 종종 의회 견학을 가곤 했습니다. 그런데 한번은 영국의 제3당 자유민주당(Liberal Democratic Party)의 당수인 패디 애시다운Paddy Ashdown이 발언하는 날이었습니다. 국회의사당을 어슬렁거리는데 그 당수가 벽에다 대고 네댓 줄 메모지에 글을 쓰는 걸 지켜봤는데 깜짝 놀랐습니다. 주변을 아무리 둘러봐도 그를 보좌하는 이가 하나도 안 보였습니다. 당수에게도 보좌관이 없었던 것입니다. 직접 그 손바닥만 한 메모지 한 장 달랑 들고 40분간 이야기하더군요. 그걸 보면서 '와, 이분 정말로 대단한 사람이다'라고 감탄했어요.

영국 의회의 의원은 비서가 없습니다. 아래서부터 단계를 밟아 올라오는 과정을 거쳐서 정치적으로 성장한 분들이 대부분이라 각자의 경험이 있으니까 기본기가 탄탄합니다. 정치인이라면 연설문은 자기가 직접 쓸 수 있을 정도가 된다는 뜻이죠.

그리고 지역구 의원들은 항상 지역구 사무실에 있습니다. 언제든지 누구든지 만날 수 있어요. 예를 들면 현지 체류 한국인이 비자 문제로 힘들 때가 있다고 해요. 그곳에 가서 사정을 이야기하면 직접 내무부(Home Office)에 말해서 해결해줍니다. 이렇게 그들 도움을 받아서 비자를 받게 되면 그야말로 죽을 때까지 매일 가서 청소 같은 잔일도 돕고 자연스럽게 노동당에 참여하게 되는 겁니다.

'공공성 확보'가 정치의 목적 돼야

Q 영국 사례로 본다면 영국의 경우에는 지역의 맨 아래 바닥에서부터 쭉 성장하면서 리더십이 검증되고 그래서 그들이 정치인이 됐을 때 제대로 역할을 할 수 있다고 하셨어요. 하지만 대한민국은 그런 시스템이 형성되지 않았기 때문에 오히려 준비 안 된 정치인이 많다는 얘기가 이미 여러 차례 거론된 바 있습니다. 한마디로 준비 안 된 인물이 국회의원이 되기 때문에 이런 악순환이 지속되는 거 아니냐는 지적이 많습니다. 이에 대해 어떻게 생각하시는지요?

이재강 실제로 그렇습니다. 제가 앞서 대한민국 유권자들의 정치 불신의 직접적인 원인을 정치인 개인의 자질에서 찾아야 한다고 말씀드린 바 있습니다. 그럼 개인적 자질을 갖추지 못한 정치인이 정계에 진출하게끔 하는 시스템 역시 문제가 아닐 수 없지요. 예를 들면 영국의 조정 선수나 럭비 선수를 보면 전부 귀족입니다. 영국인은 스포츠를 매우 좋아하므로 이튼 칼리지Eton College 같은 사립학교에서는 럭비나 조정을 가르칩니다. 하지만 영국의 교육은 '퍼블릭 마인드public mind' 즉 공공에 대한 가치와 중요성을 어릴 적부터 철저히 교육합니다. 그래서 정치인은 누구나 공공성에 대해 뼈저리게 느끼고 있습니다. 그렇기 때문에 그런 윤리적 가치를 기초로 정치를 하면서 끊임없이 대중을 위한 공공성을 추구해나가는 것입니다.

Q '공공성', 공공에 대한 가치와 중요성이라는 말씀에 크게 공감이 갑니다. 우리나라 정치인들이 공공성에 대해 얼마나 진정성이 있다고 보십니까?

이재강 여러 차례 얘기했지만, 노무현 전 대통령님의 비전은 한마디로 '나만 잘사는 세상'이 아니라 공공성이 밑바닥에 깔린 '다 함께 잘 사는 세상', '사람 사는 세상'이었습니다. 이재명 대표님이 보여주신 정치적 삶의 여정이 그런 공공성을 잘 받아들이고 대변하는 삶이었던 것 같습니다. 그래서 그분은 정치를 하면 제대로 할 것이라고 믿죠. 공공성이 절실하기 때문에 다른 사람이 상상할 수 없는 엄청난 일들을 해내는 겁니다.

정치인은 기본적인 마인드가 공공성으로 무장돼 있어야 하는데, 우리나라 정치인 가운데 말로만 공공성을 강조하고 내세우면서 실제로는 훈련되지 않은 이들이 많습니다. 그러니 정치를 하는 과정에서 일탈하게 되고, 사익에 솔깃해지며 결국엔 잘못된 일을 저지르게 된다고 봅니다. 저는 항상 후배들에게 이런 이야기를 많이 합니다. 그리고 공공성에 대해 공부해야 한다고 강조하고 영국 서적 《마그나 카르타Magna Carta》를 권합니다. 민주주의 역사가 길어서인지 영국에는 공공성에 관한 책들이 참 많습니다. 정치학적으로 저의 전공이 바로 그것이었죠. '민주화 과정에서의 시민사회 역할'이 제가 공부한 주제인데 이 공부를 하면서 공공성의 확보와 보장이 정치의 목적이 돼야 한다는 생각을 가지게 되었습니다. 앞으로 그런 생각으로 정치를 하고자 합니다.

Q 해외 유학도 다녀오셨고 영어도 능통하니까 이와 관련한 일화도 많이 있겠습니다. 경기도 평화부지사로 일하기 전 민주당 부산 지역구에서 주로 활약하셨는데, 그 시절 이와 관련하여 당에서

특별히 도움을 요청하는 일은 없었나요?

이재강 하하. 더러 그런 일이 있었습니다. 추미애 당 대표 시절이었을 겁니다. 각국 대사관에서 저에게 직접 연락이 오기도 하고, 대사관 관계자들을 부산으로 안내하곤 했습니다. 뉴질랜드 영사라든지 영국 부대사라든지 이런 분들이 부산에 내려오시면 제가 가서 두세 시간 면담하곤 했습니다. 통역이 필요 없이 바로 영어로 소통을 할 수 있으니까, 민주당 차원에서 물어볼 것들이라든가 상호협력이 필요한 일들이 있을 때마다 제가 만난 거죠.

잘 아시는 바와 같이 일상적으로 영어를 잘하는 것과 정치적 언어로 영어를 잘 다루는 것은 좀 다릅니다. 대사관에 있는 외국 관계자들은 저에게 전화하면 빨리 소통이 되니 편리하고, 또 자신들이 얻고자 하는 정보가 있으면 저와 직접 통화하면서 좀 더 정확하게 들을 수 있었을 겁니다. 그러니까 종종 귀찮을 정도로 연락이 오곤 했습니다. 아직도 뉴질랜드, 호주, 영국, 특히 영국은 부대사급들의 전화가 자주 오고 또 만나기도 합니다.

3장

경기도 평화부지사 그리고 한반도 평화의 큰 그림

이재명 경기도지사 시절 경기도 평화부지사를 역임한 이재강은 자기 뜻을 강직하게 펼치는 정치인이다. 2020년 11월 10일부터 43일간 임진각 평화누리공원 내 바람의 언덕에서 개성공단 재개 선언 촉구를 위한 경기도 부지사 집무실 이전 투쟁을 실행했고, 평화를 위협하는 대북 전단 살포 방지와 억제를 위하여 경기도가 앞장서서 위험지역을 선포하고 실천했다. 그 결과 2020년 12월 국회에서 '대북 전단 살포 금지법'이 통과됐다.

그는 말한다.

"윤석열 정부는 남북관계 경색은 물론이고 평화통일로 가는 길을 더 멀게 하고 있다."

이렇게 지난 1년 남짓한 집권 기간 윤석열 정부가 무모하게 저지르는 '외교참사'에 우려를 표한다. '가치 외교'가 아닌 '실리 외교'를 해야 하는 상황인데도 대통령은 '가치 외교', '가치 외교'를 부르짖으며 외교적 위험을 감수하고 있다고. 윤석열 정부를 이대로 두면 안 되며 주권자인 국민이 회초리를 들어야 한다고 일침을 가하고 있다.

'경기도 평화부지사'로서 이재명과 함께하다

Q 이재명 당 대표가 경기도지사로 재임하던 시기에 제2대 경기도 평화부지사를 지냈습니다. 자란 곳도, 지역구 활동 지역도 부산이니 경기도와 특별한 인연이 있는 것 같지는 않습니다. 그런데 이재명 대표가 경기도지사로 재임하던 시절 경기도 평화부지사를 맡게 되었습니다. 어떤 연유로 이재명 대표와 함께 일하게 되었나요?

이재강 아시는 바와 같이 지난 2020년 4월 15일 21대 국회의원 선거가 있었습니다. 개인적으로 아무리 험지라지만 부산의 서구·동구에서 3번째 낙선하고 몸도 마음도 추스르고 있었고 아내와도 심각한 인생살이 논쟁도 하고 그러는 와중에 경기도 평화부지사직을 제안받았습니다.

당시는 마음이 힘들기도 하였고, 제안받은 게 감사하였지만 "내가 국회의원 선거에서 세 번 떨어졌는데 나도 슬퍼할 시간을 좀 주십시오. 그러면서 무엇을 할 것인지 나도 고민 좀 해야겠습

| 이재명 당시 경기도지사의 강권으로 경기도 평화부지사직을 수행하게 되었다.

니다."라고 하면서 양해를 구하기도 했습니다.

하지만 아무래도 제가 사람을 만나보면 상대를 파악하는 촉이 조금 빠른 편인 모양입니다. 평화부지사 제안이 있은 이후에 이재명 도시사를 직접 만나서 얘기를 나누고 들어보니 바로 살아온 정치적 역정이 느껴졌고 또 '훌륭한 분이구나.' 하는 느낌이 와 닿았어요. 인간적으로 참 좋은 사람이라는 느낌과 함께 '이 사람이라면 함께 같은 길을 걸어도 좋겠다'라는 믿음이 생기더군요.

저는 그때까지 확실히 결심하지 못했거든요. 그런데 참 인연이 되려고 그랬는지 결론은 그렇게 이어지너군요. 처음 만나는 순간 자신은 노 다른 일정이 있으니 대화 시간을 짧게 갖겠다고 먼저 말했지만 짧게 안 끝나더군요. 짧은 시간이었지만 서로를 알고 이해하는 데 많은 도움이 되었던 것 같습니다. 대화 도중에 같은 '경주 이씨'라는 걸 확인했고 이재명 지사가 저에게 "형님 아닙니까?" 하고 말하기도 하면서 좀 더 편한 맘을 갖게 되었던거 같습니다. 그런 만남이었으니 저로서는 더 생각할 겨를도 없이 평화부지사를 맡아 해볼 결심을 하게 되었습니다.

Q 함께 일하는 동안 옆에서 지켜본 이재명 경기도지사는 어떤 스타일이었습니까? 일하는 스타일이 어떠했는지 궁금합니다.

이재강 고민은 엄청나게 깊고 여러 가지를 두루 살피면서도 고민하는 시간은 짧아요. 일 처리가 엄청나게 능숙하더군요. 또 이분은 명석한 사람들에게서 발견하기 어려운 인간적인 면도 충분히 갖추고 있었어요. 그런데 숫기는 좀 없는 편이더군요. 누구누구를 만나자 해서 그 사람들을 제가 섭외해 모시고 오면 제가 항상 그 자리에 함께 있었습니다. 처음에는 말문을 잘 못 열어요. 하지만 대화를 하고 나면 모두 이 대표님을 좋아하더라고요. 참 독특하지 않습니까? 잘 모르는 분들은 이 대표님이 여전히 약간 낯을 가리는 분, 아니면 수줍음을 타는 분이라는 선입견을 가지고 있어요. 정작 만나보면 전혀 그렇지 않은데 말이죠. 사람을 대할 때 아주 서글서글하고, 과거 힘들고 고단했던 삶의 편린들이 말이나 태도에 남아 있습니다.

한번은 이런 일도 있었어요. 경기도의회에서 일정을 마치고 엘리베이터를 타고 내려오는데 "부지사님, 점심 같이하시죠." 하시더군요. "무얼 드시려고 하십니까?" 제가 식사의 종목을 물으니까 "제 방에서 된장찌개 등의 점심을 먹을 겁니다."라고 하시는 겁니다. 그래서 "저는 좀 더 맛있는 것 먹으러 가겠습니다."라고 대답했습니다. 그러니 쿨하게 "그럼 식사 맛나게 드세요."하고 지사님은 지사실로 식사하러 가고 저는 다른 곳에 가서 점심을 먹었어요. 이쯤 되면 옆에 있는 비서들이나 수행하는 분들은 조금 당황스럽죠. 엘리베이터에서 내려 헤어지면서 "식사 꼭 챙겨 드세요. 잘 드셔야 일도 잘됩니다."라고 말씀하십니다. 언뜻 보면 냉정한 것 같기도 하지만 알고 보면 너무도 인간적인 분입니다.

일하는 스타일은 결정력이 빠른 것이 가장 뚜렷한 특징으로 기억됩니다. 결제를 받으러 가면 시간이 좀 걸리더라도 연필 가지고 줄을 그어가면서 신중하게 검토합니다. 그리고 그 자리에서 결정을 내립니다. "이건 좀 더 생각해 봅시다.", "이건 진행합시다."라고 그 자리에서 시원스럽게 결정을 하십니다. 그런 이면에는 그간 열심히 삶을 살아오면서 축적된 학습 효과들이 바탕이 된 게 아닌가 싶어요. 또 한편으로는 경청의 아이콘이기도 합니다. 남 이야기를 참을성 있게 잘 듣는 편입니다.

개성공단 재개 위해 한겨울 43일 임진각 1인 시위

Q 과거의 실적이 보여주듯이 이재명 경기도지사를 무척 장점이 많은 행정가로 기억하고 계시는군요. 그럼 평화부지사로서 직접 움직이며 활동했던 이야기를 좀 들려주십시오. 개인적으로는 제일 기억에 남는 게 임진각에서 1인 시위를 하셨던 일입니다.

통일대교에서 개성공단 가동 재개를 촉구하는 '삼보일배'를 했다.

이재강 2020년 11월 10일부터 43일간 임진각 평화누리공원 안 바람의 언덕에서 개성공단 재개 선언 촉구를 위한 경기도 부지사 집무실 이전 투쟁이 있었습니다. 매일 11시 통일대교 앞에서 1인 시위를 하기도 했습니다.

잘 알다시피 11월 9일이 독일 베를린 장벽이 무너져 동서냉전의 마침표를 찍은 날입니다. 그래서 11월 9일 남과 북의 지도자들에게 개성공단 재개 선언을 촉구하기 위해 평화부지사 집무실을 도라전망대로 이전하겠다는 계획을 세웠습니다. 도라전망대는 육안으로 개성공단을 내다볼 수 있는 곳입니다. 그런데 유엔사령부(United Nations Command)가 도라산 전망대는 안 된다고 앞을 가로막더군요.

당초 기획한 대로의 진행하는 건 무산되고 10일 임진각으로 간 겁니다. 임진각 평화누리공원 내 '바람의 언덕' 위에 임시 집무실을 꾸리고, 통일대교 앞에서 유엔사 규탄과 개성공단 재개 선언을 촉구하는 1인 시위를 시작한 겁니다. 그때 "한반도 평화번영의 첫걸음, 평화의 새로운 길 개성공단 정상화"라는 문구가 새겨진 피켓을 들었습니다.

경기도 입장에서는 접경지대와 가장 가까이서 개성공단을 마주하고 있으니까 개성공단에 입주했던 기업들이 그곳에 재입주할 수 있도록 경기도가 적극적으로 나서겠다는 의지를 보여주고

| 대북 전단 살포 방지와 억제를 위해서 위험지역 선포를 선언하고 실천했다.

자 했습니다. 또 개성공단에 입주했던 기업 중 41개 기업이 경기도에 있습니다. 저는 "개성공단 재개는 꼭 실천되어야 한다. 그것이 평화의 오솔길을 내는 지름길이다."라는 입장을 표했고, 당시 경기도지사였던 이재명 대표의 허락 아래 계획하고 시도한 일이었습니다.

그때 정말 화가 많이 났었어요. 왜 평화부지사가 도라전망대에 가는 것도 막는가? 경기도 관할 구역인데 경기도 평화부지사가 왜 행정을 볼 수 없도록 막는가? 이건 말이 안 된다. 정전협정에 의하면 유엔사령부는 소위 '성격상 군사적인(military in character)' 것만 제재해야 하는데 왜 행정까지 막느냐 이런 회의가 들었습니다.

11월과 12월 두 달간에 걸쳐 이어졌어요. 그곳이 기온이 낮은 지역으로, 추위야 더 이상 말 안 해도 다들 알잖습니까. 한겨울을 나며 무려 43일간 하루도 빠짐없이 1인 시위를 지속했습니다.

Q 평화부지사 활동 성과로 국민에게 '이건 그때 하길 정말 잘했다'라고 밝히고 싶은 일이 있다면 어떤 것이 있습니까?

이재강 글쎄요. 무엇을 꼽아야 할지 망설여집니다만, 그중 가장 먼저 꼽고 싶은 건 역시 대북 전단 살포 방지와 억제를 위해서 경기도가 위험지역 선포를 선언하고 실천한 일입니다. 이 일은

2020년 6월 말, 역시 이재명 대표님 정책적인 판단 아래 추진한 일입니다. 풍선을 이용한 대북 전단 살포는 북한을 자극해서 한반도 평화의 분위기를 깨뜨리는 대표적인 행위로 그 무렵 큰 이슈였습니다. 이민복 대북풍선단장이 북한에 풍선을 이용해서 전단을 살포하는 방법을 연구해서 박상학 형제들이 계속해서 풍선을 날려왔던 터였습니다.

이런 일들이 경기도 내에서 이루어져서는 안 된다는 판단에서 관련자들을 찾아가면, 그들은 이미 다른 곳으로 도망가고 없었습니다. 그들은 사무실을 불법으로 지어서 가스도 보관하고 있었어요. 그래서 가스 수거 조치도 취하고 그랬지요. 고양, 김포 등 경기도 6개 인접 지역을 위험지역으로 선포하고 대상 지역에 팻말을 설치했습니다. 구체적인 법률이 없었기 때문에 광범위하게 전문가들의 견해를 청취해서 '사회재난법', '항공법' 등의 유권해석을 통해서 과감하게 대북 전단 살포를 근절시킨 겁니다. 그래서 마침내 2020년 12월 국회에서 '대북 전단 살포 금지법'이 통과됐습니다.

Q 맞아요. 경기도가 먼저 시작한 거죠. 이어서 국회에서도 그걸 법적으로 제도화시킨 거니까요.

이재강 대북 전단 살포를 저지시키는 일이 당시 저에게는 가장 큰 일이었습니다. 당시 정세균 총리가 "정부가 못 하는 일을 경기도에서 먼저 해주셔서 너무 고맙다."라고까지 말할 정도였습니다.

선감학원 인권 문제 진상 조사 촉구

Q 한반도 평화 쪽 관련된 일 말고 평화부지사의 역할이 또 있었나요?

이재강 평화부지사는 예전의 정무부지사입니다. 그러니까 평화부지사는 평화협력국 업무 외에도 마음만 먹으면 할 일이 많은 자리입니다. 인권담당관실, 소통협력국 등의 업무와 경기국제평화센터의 업무도 관장했습니다. 공공개발원조(ODA) 업무도 했습니다. 예를 들면 공해로 먹을 물이 귀해진 키르기스스탄의 상수도 건설을 주도하기도 했습니다. 또 인권 침해 문제를 불러일으킨 경기도 안산시 단원구 선감도에 있었던 감화시설 '선감학원' 진상 조사도 촉구했습니다.

선감학원의 인권 침해 문제는 정말 심각했어요. 선감학원은 1942년 일본이 부랑아를 교육한다는 구실로 설립한 이래 1982년까지 운영되며 부랑아 갱생 교육 등을 명분으로 아동과 청소년을

| 선감학원의 인권 침해 진실을 밝히기 위해 발 벗고 나섰다.

강제로 연행해 격리 수용했던 곳이죠. 원생들은 강제노역에 동원되거나 폭력과 고문 등 인권 침해를 당했고 구타와 영양실조로 사망하거나 탈출 과정에서 바다에 빠져 목숨을 잃은 사람도 있었고요.

이런 사실에 대해 문제 삼고 대대적으로 진실을 밝혀야 한다고 발 벗고 나섰습니다. 선감학원이 있던 안산시 선감도에 '선감학원 피해자 신고센터'를 만들어서 신고도 받고, 전담 직원이 상담도 진행했습니다. 진실·화해를 위한 과거사 정리위원회(진실화해위)에 진상을 밝혀달라고 진정서를 내기도 했습니다. 그 후 2022년 9월 27일 선감학원 암매장지에서 발굴이 시작된 지 하루 만에 피해자의 것으로 추정되는 유해가 발견됐잖아요.

또 경기도에 사는 주민들은 '평화부지사' 하면 한반도 평화 관련 일만 했을 거라고 생각할 수도 있겠지만 사실 남북협력 업무는 일부입니다. 시민사회 협력 문제도 일일이 나서서 챙겨야 했죠. 그런가 하면 여당, 야당 구분 없이 도의원들과 국회의원들을 찾아가 설득해야 할 일도 비일비재했죠.

경기도 평화부지사로 일한 기간은 1년 5개월 남짓 되지만, 당시 했던 일들은 책으로 엮어도 한 권은 충분히 나올 겁니다. 지금 생각해봐도 그때는 정말 원 없이 일 많이 했습니다.

Q 현재 의정부에 경기도청 북부청사가 있죠? 그럼 주로 그곳에서 많이 계셨습니까?

이재강 그런 셈이죠. 평화부지사실의 주 업무를 경기도 북부청사에 있는 평화협력국에서 담당했습니다. 바로 그 북부청사가 의정부에 위치를 두고 있습니다. 직원들이 그곳에 있으니 늘 거기서 회의를 주도했죠. 하지만 그 외 부지사로서의 할 일도 많으니까 수원시 영통구에 있는 본청과 북부청사를 수시로 오갔습니다.

Q 그러셨군요. 오가면서 업무를 챙기시느라 힘드셨겠습니다. 사실 경기도와 관련한 이슈 가운데 '분도'와 관련한 찬반이 최근 핫 이슈로 떠오릅니다. 경기도 분도에 대해서는 개인적으로 어떻게 생각하세요?

이재강 경기도 분도에 대해 역대 지사들 모두가 관심을 가졌던 게 사실입니다. 지금은 '경기북부특별자치도 설치 민관합동추진위원회'가 있는 것을 알고 있습니다.

솔직히 말해 경기도가 '남도', '북도'로 갈라져서 각각 분도만 관할하는 경우 도청은 장점이 많다고 봅니다. 재직 당시 이재명 지사하고도 고민을 많이 했습니다. 문제는 북부 지역의 인프라가

약하고 아직은 엄청난 규모의 재정적 지원이 뒤따라야 한다는 현실이 발목을 잡는다는 겁니다.

이재명 지사 당시에도 북부 지역은 군사적인 문제로 각종 제한이 크고, 여러 규제가 많기 때문에 특별히 더 지원해야 한다는 기조였습니다. 예를 들면 파주 땅의 87%가 군사지역으로 개발을 할 수 없도록 묶여 있습니다. 그러니 실제로 그 지역 주민들은 재산권을 제한당하고 있는 셈이죠. 그래서 접경지역을 중심으로 특별한 지원을 많이 했습니다. 예산도 많이 투입한 편이죠. 또 공공기관 북부 지역 이전도 추진했습니다. 공공기관 28개 중 절반 이상인 15개 기관을 이전 대상으로 확정하였습니다. 이 기관들 대다수가 경기 남부권인 수원시에 위치해 있었죠. 경기도시장상권진흥원, 경기도농수산진흥원, 경기교통공사, 경기환경에너지진흥원 등은 이미 이전된 것으로 알고 있습니다.

이전 대상 중 남은 기관들도 순차적으로 모두 북부로 이전시켜 행정과 재정적 기반을 강화하고, 경제적 효과를 유발할 수 있는 또 다른 인프라가 확보됐을 때 분도에 대한 실질적인 논의를 해나간다면 이 문제는 한결 자연스럽게 풀리지 않을까 싶습니다. 지금으로서는 조금 이를 수 있다는 생각이 듭니다.

다시 말하면 일차적으로는 경기도 내부에서 북부 지역의 희생에 대한 특별한 보상 차원의 정책을 더 많이 펼쳐서 인프라가 좀 더 갖춰질 수 있도록 한 후, 북부 지역을 특별자치도로 정해서 정부에서 제주도 키우듯이 키워줘야 합니다. 다만 특별자치도로 만드는 것은 자칫 분위기에 편승해 다른 지역에서도 요구할 수 있는 사안이어서 그리 쉬운 일은 아닙니다. 의정부에서 출마하려는 사람이고 또 경기도에서 부지사를 했던 저로서는 좀 안타까운 일이긴 합니다.

북부 지역 얘기를 하다 보니 과거 부지사 시절 정말 안타깝게 여겼던 일 하나가 떠오릅니다. 북부 지역을 다니면 많은 도로가 군사도로인 것을 저절로 알게 됩니다. 군용차량이 정말 많이 다니죠. 문제는 인도가 없습니다. 그런 도로가 너무 많습니다. 그래서 인도부터 좀 만들자는 제안도 여러 차례 했습니다. 사실 지금으로부터 21년 전인 2002년 6월 13일 양주시 광적면 효촌리 56번 국도에서 훈련을 마치고 복귀하던 주한미군 궤도차량에 치여 사망했던 효순·미선 양 사고를 많은 분이 기억할 텐데요. 장갑차 같은 군용차량이 지나가면 피할 공간이 없습니다. 이 또한 시급히 해결해야 할 문제입니다.

여하튼 지금 북부 지역을 위해 필요한 것은 재정적 지원과 인프라 구축입니다. 이런 노력이 5년 10년 지속되다 보면 '분도'를 현실화할 수 있다고 생각됩니다. 더불어 국토 균형 발전, 수도권 경쟁력 강화 등을 내실있게 준비하고 추진해야 한다고 생각합니다.

남북관계 경색, 윤 대통령 책임

Q 그럼 남북평화와 관련해서 한발 더 나아가 보겠습니다. 누가 보더라도 윤석열 정부 들어선 후 남북관계가 굉장히 경색돼 있습니다. 이 문제, 어떻게 보십니까?

이재강 맞는 말씀입니다. 오늘날 남북관계는 지난 문재인 정부가 겨우 회복한 신뢰와 평화 분위기를 완전히 깨버리고 냉전 시대의 수준으로 후퇴했다고 생각합니다. 우리 경제의 실마리가 남북관계에 달려 있다고 생각하는데 윤석열 정부 들어서면서 남북관계가 경색되면서 그야말로 참담한 심정입니다. 축구로 말하자면 그냥 똥볼만 차버리는 식이거든요. 경제 문제는 물론이고, 외교참사에 이어 민생파탄으로 이어지는 그런 상황이죠.

Q 그렇군요. 평화는 고사하고 냉전 시대로 후퇴시켰다는 지적에 충분히 공감하실 분들이 많을 듯합니다. 여기에 더해 남북관계가 우리 경제의 실마리라고 하셨는데, 그 이유를 좀 설명해주시겠

습니까?

이재강 현재도 미래도 한반도의 먹거리는 남북관계의 개선 속에 있다는 게 오래전부터 갖고 있던 저의 견해입니다. 저뿐 아니라 남북문제의 전문가들이라면 이 입장에 반대하는 이는 없을 거라 확신합니다. 복잡할 것도 없이 아주 간단한 사안 하나만 생각해 보아도 이 문제는 명약관화합니다. 부산이나 인천에서 철도를 연결해서 유럽까지 물류 이동이 가능하게 된다면 어떨까요? 이건 엄청난 물류 혁명입니다. 다시 말하면 동북아의 경제 중심이 한반도가 될 수 있다는 뜻이죠. 또 남북관계 개선을 통해서 북한과 협력하면 북측이 보유한 수많은 지하자원을 비롯한 경제적 자원들을 잘 활용하여 우리가 글로벌 경제에서 손가락 안에 꼽히는 국가로 발돋움할 수 있는 구조입니다.

흔히 우리가 '평화경제'라는 말을 쓰는데 이는 경제 발전이 곧 남북관계를 선순환 구조로 연결시킨다는 의미를 내포하고 있습니다. 그래서 한국의 미래는 평화경제에 달려 있다고 보는 거죠. 문제는 지금 전혀 그렇지 않은 반대 방향으로 가고 있다는 것입니다. 우리 한민족 차원에서 볼 때 지금은 남북한 모두 서로에게 좋지 않은 불안한 미래를 향해 달려가고 있습니다.

한반도가 처해 있는 지정학적 특성과 남북이 대치되는 상황 때문에 흔히 '한반도 리스크'라는 말을 자주 사용합니다. 영국에서 오랫동안 학자로서 활동하면서 알게 된 중요한 사실 하나는 외국인들이 한반도를 보는 시각이 '전쟁이 끝나지 않은 휴전 상태'라는 거였습니다. 사실 이런 상황에서 남북 간의 긴장마저 고조되면 외국인들로서는 당연히 투자에 대해 소극적일 수밖에 없습니다. 분명한 것은 국내에서 우리 국민이 바라보는 안보 불안감과 외국인들이 바라보는 시각은 다르다는 겁니다. 남북관계가 긴장되면 그들은 한반도 상황을 우리보다 훨씬 더 심각하게 본다는 거죠.

예를 들면 2016년 2월 폐쇄 시점 기준으로 개성공단에 우리 기업 124개 사가 입주했었습니다. 투자와 수익 구조를 볼 때 우리가 1억을 투자해서 30억을 가져오는 구조였거든요. 북한의 경제적 효과도 컸지만, 우리가 개성공단을 통해 그만큼 더 벌었다는 뜻입니다. 외국에서는 그걸 지켜 보고 있었는데 개성공단 폐쇄에 이어, 지금은 남북관계가 경색일로를 걷고 있으니 소위 '큰손'이라고 하는 외국인들의 투자가 끊긴 겁니다. 워렌 버핏Warren Buffett과 같은 글로벌 거물 투자자들이 끊임없이 남북 경제협력의 필요성과 비전에 대해서 말해왔습니다. 유럽이나 미국이 바라보는 시각도 마찬가지였어요. 하지만 갈수록 남북관계가 경색되면서 투자의 기회가 사라졌습니다.

'휴전'은 말 그대로 '전쟁을 잠시 멈춘 상태'입니다. 아직 그 전쟁이 끝나지 않은 상태가 70년 이상 지속돼왔는데 어떻게 보면 북한 입장에서는 경제적인 제재를 70년간 당했다는 이야기이기도 하거든요. 그럼에도 불구하고 자력갱생으로 그럭저럭 지금까지 버텨왔단 말입니다. 만일 남북관계가 좋아져서 많은 투자가 진행된다면 그 이득은 우리에게만 돌아가는 게 아니라 북한 경제에도 지대한 영향을 미치게 됩니다.

Q 기업인들을 대상으로 여론조사 해보면 '북한 특수'라는 얘기를 하지 않습니까. 많은 기업인이 남북 간의 평화 무드를 바라고 남북경협을 기대하고 있는 것 같습니다.

이재강 맞습니다. 그때 해당 기업인들과 자주 만났는데 그들은 개성공단을 재개해야 한다는 주장을 많이 했습니다. 기업인들이 "그때는 나름 괜찮았는데 지금은 먹고살기도 힘들다."는 하소연을 하더군요.

당초 북한 측과 현대아산이 합의했던 전체 개발 계획에 따르면 공장구역 26km^2(800만 평), 생활·관광·상업구역 40km^2(1,200만 평) 등 개성시 포함 총 65.7$km^2$2,000만 평 규모였습니다. 북한이 2,000만 평을 내놓겠다는 것이었습니다. 전방에 있던 2개 군단과 1개 포병군단을 개성과 송악에서 뒤로 이동시켰거든요. 북한이 자진해서 했단 말입니다. 하지만 1단계 사업 완료 이후 2~3단계 사업으로 진행될 예정이었으나 2~3단계 사업은 시작하지도 못했어요. 2014년까지 개발 면적은 5%, 업체 수 6%, 고용 인력은 15% 내외 수준에 그쳤습니다. 이 얼마나 안타까운 일입니까.

사실 남북 경협 출발 당시 처음에 우리가 남포를 열어달라고 했습니다. 그런데 북한에서 개성을 가져가라고 한 겁니다. 그야말로 엄청난 일이 벌어진 거예요. 매일같이 남과 북이 만나고 경제협력이 성공리에 진행되다가 중단된 겁니다. 지금 당장 노력해야 할 일은 개성공단을 재개하는 겁니다. 현재 북한이 개성공단을 폐쇄하지 않고 있습니다. 이건 기다리고 있다는 얘기이거든요. 개성공단이 재개되면 자그마치 1,800만 평의 개발 지역이 남아 있는 만큼 세계의 굴뚝이 다시 열리는 그런 시대가 되는 것입니다.

남북경협 희망 없애고 국지전 우려까지 불러온 윤석열 정부

Q 윤석열 정부의 대북 기조를 보면 개성공단을 재개시킨다든가 경협을 활성화할 가능성이 별로 없어 보입니다. 어떻게 전망하십니까?

현재도 미래도 한반도의 먹거리는 남북관계의 개선 속에 있다.

이재강 그렇죠. 전혀 생각지 않고 있죠. 되레 반대로 생각하고 있더라고요. 최근에 개성공단 관련된 기관을 없애야 한다고 윤석열 정부에서 기획하고 있습니다. 그렇기 때문에 '참사'라든가 '파탄'으로밖에 표현할 수 없는 상황인 겁니다. 지금이라도 빠른 시일 내에 정전협정을 평화협정으로 바꾸고 다음엔 개성공단을 다시 열어서 남북이 경제를 협력하는 것이 정말 필요하고 중요합니다.

Q 일각에서는 남북관계가 더 긴장되다 보면 국지전까지 우려된다는 말도 새어 나옵니다. 이점에 대해선 어떻게 보시는지요?

이재강 실제로 국지전의 우려가 엄청나게 심각합니다. 예를 들면 '대북 전단 살포 방지법'을 통해서 대북 전단 살포를 막고 있지만 현 정부에서 이것을 북한의 인권을 위한다는 빌미로 허락한다면 북한이 국지전을 감행할 수도 있습니다.

실제로 그런 시도들이 있었거든요. 대북 전단 살포가 진행될 때 북한에서 포를 쏜다든지 하는 일이 벌어졌는데 앞으로도 그럴 가능성이 충분히 있습니다. 그런데 만일 국지전이 발생하면 총이나 대포 몇 번 쏘고 끝나는 정도가 아니라 한반도 대참사로 이어질 수 있습니다. 남북관계에서 자칫 잘못하면 그런 일이 얼마든지 일어날 수 있다고 예상하죠.

Q 윤석열 정부 5년 동안 경색된 남북관계가 풀리지 않았다고 가정하고 다음에 더불어민주당이 집권한다면 남북관계가 다시 회복될 가능성은 있다고 보십니까?

이재강 충분히 있다고 봅니다. 사실 평화의 오솔길을 다시 열어 서로 왕래하는 것이 남북 모두 살아갈 길이 열리는 일이 아니겠습니까?

제가 부지사 재직 말기 즈음 만난 교포들 가운데 북한을 왕래하는 분이 있었어요. 그분이 개성공단을 다녀왔는데 공단 내에 꽃을 가꾸고 있었다는 얘기를 하시더군요. 공단 폐쇄를 안 하고 계속해서 관리하고 있다 하니 희망을 가져봅니다.

Q 개인적으로 남북통일이 가능하다고 생각하십니까? 가능하다면 언제쯤일 거라고 기대하시는지요?

이재강 글쎄요. 어려운 질문입니다. 저 아닌 어떤 누구라 할지라도 통일이 '가능하다', '불가능하다'를 단적으로 섣불리 말할 수는 없다고 봅니다.

저는 우리가 통일로 가는 길을 닦기 위해 열심히 노력하다 보면 통일의 길은 자연스럽게 열릴 것이라는 입장입니다. 민주 정부가 들어서서 남북이 서로를 인정하고 평화협정을 통해서 남북교류가 이루어지면 '1국 2체제' 같은 시스템으로 통일에 준하는 단계까지도 갈 수 있다고 봅니다.

2000년 6월 15일 김대중 대통령과 김정일 위원장 사이에 '6·15 남북공동선언문'이 작성됐고 2007년 노무현 대통령의 '10·4 공동선언'도 있었습니다. 그리고 2018년 4월 문재인 대통령과 김정은 위원장의 '4·27 판문점 선언'에 이어 그해 9월에는 '9월 평양공동선언'도 있었습니다.

이런 선언들은 국가 간의 조약으로 국회 비준으로 이어진다면 남북관계의 평화 회복을 불러오는 것은 그리 어렵지 않습니다. 하지만 국회 비준이 안 됐습니다. 이런 현실을 우리 국민도 잘 이해해야 하며 무엇보다도 국회의 역할이 아주 중요합니다.

젊은 세대의 합리적 사고, 매우 희망적

Q 젊은 세대를 만나보면 한반도 평화와 통일에 대해서 기성세대와는 온도 차이가 있습니다. 평화 통일에 대한 체감도가 좀 떨어진다는 느낌이라고나 할까요. 그러다 보니 일각에서는 "20대가 보수화됐다."라는 얘기도 심심치 않게 들립니다. 젊은 세대를 어떻게

보고 계십니까?

이재강 저는 젊은 세대가 보수화되어 가고 있다고 보지 않습니다. 오히려 말씀하셨던 그런 면들, 즉 낭만적인 평화통일론에 회의를 품는 것을 긍정적으로 보고 있습니다. 상당히 합리적이라고 생각합니다. 기성세대는 이산가족의 아픔을 겪은 세대이기에 남북통일을 염원하는 면에서 감정적인 면들이 적지 않게 작용합니다. 하지만 그들은 남북관계에 대해서도 '자신들에게 이익이 되는가, 안 되는가'라는 점에 착목하여 합리적으로 사고하고 있습니다. 따라서 국익에 도움이 된다면 남북관계의 개선과 발전도 긍정적으로 받아들일 수 있는 자세가 되어 있다는 견해이기도 합니다.

기성세대는 흔히 "너 시위해봤냐? 우리는 목숨 걸고 참여했다."라는 식으로 말하며 명분에 충실했던 것을 자랑으로 삼기 일쑤인데 젊은 세대를 만나보면 자기 이익을 먼저 따지는 계산적인 사고가 있습니다. 부정적으로 보면 이기적이라고 할 수도 있겠습니다만, 냉정하게 따지면 합리적으로 사고한다는 차원으로 볼 수 있습니다. 그들은 미래 트렌드에 굉장히 빠르고 똑똑하게 대처합니다.

윤석열 정부 출범 이래 '외교참사'라는 얘기가 수시로 나오곤 합니다. 외교도 국민적 합의에 준해서 이루어져야 하는데 그렇지 않고 있거든요. 저는 "정치나 외교의 가장 정상적인 방법은 민주적 통제하에 이루어지는 것이다."라는 표현을 하곤 하는데, 현 정부에서는 이런 민주적 통제가 이루어지지 않고 있다는 겁니다.

정당도 마찬가지입니다. 영국을 보면 중요 상황 발생 시 아주 많은 시민단체가 참여합니다. 영국 생활 초기에는 '시민단체가 왜 이렇게 많을까?'라고 생각했는데 알고 보니 그들은 민주적 통제가 이루어지는 '시민사회'였던 겁니다. 사회의 다른 구성원들과 상호작용을 하는 것, 즉 '공적 영역(public sphere)' 또는 '공론장'이라고 표현하는데 그것이 활성화돼 있기 때문에 민주주의가 탄탄하다는 것입니다.

우리도 최근 이 공적 영역이 활성화되고 있는데 여기에서 2030 젊은 세대들이 큰 역할을 할 수 있다고 봅니다. 공적 영역에 기초하여 정치인들이 올바른 방향을 제시한다면 젊은 사람들은 즉시 호응하고 사태를 급진전시킬 수 있는 그런 계기를 만들 수 있다고 보는 거죠.

Q_젊은 세대의 합리적인 사고방식은 물론이고 남북관계 개선의 여지에 대해서도 매우 긍정적이고 희망적으로 보는 것 같습니다?

이재강 남북관계에 있어서 "젊은 세대들은 절박함이 없지 않느냐?"라고 말하지만 그걸 비관할 필요는 없습니다. 앞에서도 언급

했듯이 저로서는 젊은 세대가 바라보는 북한에 대한 생각이 세 가지 정도인 것 같습니다.

하나는 '경제력이 취약한 후진국'이라는 것이고, 두 번째는 '조선 시대처럼 세습이 지속되고 있는 비정상적인 체계를 지닌 국가'입니다. 그래서 북한을 비판적으로 보는 시각이 지배적인 것 같기도 합니다. 하지만 북한을 바라보는 또 다른 시선 하나는 '기회의 땅'이라는 것이죠. 우리 경제가 독자적으로 활로를 열기는 어려움이 많은데 북한에는 광물자원이 풍부하고 우리가 유럽으로 이어지는 철도를 잇게 될 경우 남북 모두가 상생할 수 있다는 생각을 동시에 가지고 있는 것 같습니다.

기회의 땅이지만, 젊은 세대가 바라보는 북한의 특수성에 대해 좀 더 많이 고민할 수 있게끔 기성세대가 그 포문을 열어줘야 합니다. 자료를 공개하고 또 나눠주고 대화의 장을 자주 열면 정보의 양이 많아질 겁니다. 젊은 세대는 아주 똑똑한 친구들이니까 좀 더 진취적으로, 합리적으로 사고하지 않을까요?

독일의 통일을 예를 들어보겠습니다. 베를린 장벽이 무너진 것이 어느 날 하루아침에 갑자기 이루어진 게 아닙니다. 과거 서독 정부에서 20년간 동독에 투자했습니다. 끊임없이 교류하고 끊임없이 물적인 기반을 만들어주었습니다. 20년에 걸친 노력 끝에 얻은 결과물인 셈이죠.

지금부터라도 우리가 나서서 노력을 기울여나가야 합니다. 적어도 20년 이상은 준비를 해야만 통일을 얻을 수 있지 않을까요? 윤석열 정부가 아닌 다른 정부가 들어섰더라면 그런 물적 교류와 기반들을 구축하는 일을 바로 착수할 수 있었는데 그렇지 못한 것이 가장 아쉽고 안타깝습니다.

지금 우리는 인력난 특히 노동력 부족에 직면해 있습니다. 유럽의 경우 노동력이 부족하니까 이민 정책을 적극적으로 펼쳤습니다. 독일엔 폴란드 사람들이 적지 않죠. 예를 들어 축구 국가대표만 봐도 독일을 대표하는 유명 선수 중 다수가 폴란드 사람들이거든요. 프랑스도 알제리 이민자들이 국가대표의 3분의 1을 차지합니다. 우리에게도 그런 정책 변화가 필요한데 그 반대입니다. 외국인들에 대한 혐오증을 제일 많이 가진 민족이라고 하거든요. 물론 최근 들어 많이 바뀌고 있긴 합니다.

사실 남북관계가 활성화되면 우리는 풍부한 자원과 북한의 노동력을 활용할 기회를 확대할 수 있습니다. 같은 민족이고 같은 언어를 사용하는 데다 지적 수준이 높은 인재들도 많습니다. 북한의 자원과 노동력을 잘 활용할 기회는 바로 남북관계 개선과 변화를 통해서 찾을 수 있습니다. 우리가 주목해야 할 아주 중요한 실체라고 봅니다.

성공한 남북평화 프로세스와 신남방 정책

Q 저 개인적으로는 문재인 정부 때 추진했던 한반도 평화 프로세스 중에서 도보다리 대담이라든가 판문점 선언 또 백두산 천지에서 김정은 위원장과 손을 맞잡았던 일 등 많은 것들을 기억합니다. 정말 신선한 충격 그 자체였거든요. 문재인 정부 시절의 남북관계 개선 활동 중 가장 인상적인 일은 어떤 것이었습니까?

이재강 2018년 9월 평양 방문 당시 문재인 대통령이 능라도 5·1 경기장에서, 15만 명의 평양시민 앞에서 연설했습니다. 그때 저는 눈물을 흘렸습니다. 큰 감동이었어요. 북한 주민 앞에서 "지금의 차이를 극복하고 하나가 되어 공동 협력하자."라고 하신 그 마지막 말씀이 생생하게 남아 있습니다. 북한 주민들도 열렬한 환호로 화답했습니다. 이게 쉬운 일이 아니었는데 현실이 되었잖습니까. 그때 "와, 우리에게 이런 날이 오는구나!"라는 감탄이 저절로 나오더군요. 그래서 통일도 그리 멀지 않았다는 생각했었습니다.

지금도 남북관계에 있어서 함께 협력해나가는 것이 가장 중요합니다. 그리 어렵지도 않은 간단한 문제인데 윤석열 정부가 그걸 못 하고 있다는 현실이 그야말로 개탄스러울 따름입니다.

Q 그렇죠. 15만 명의 시민들이, 물론 그중엔 동원된 사람들도 있었겠지만, 그들이 정말로 열광하는 그 장면이 제 눈에도 선합니다. 당시 문재인 대통령 연설 내용 중에는 김정일 위원장이나 북한 지도부 입장에서 볼 때는 조금 불편한 내용도 들어 있었거든요.

이재강 맞습니다. 그런데도 김정은 위원장은 물론이고 15만 명에 달하는 대중 앞에서 연설했거든요. 그러니 당시 많은 국민이 '통일이 꿈이 아닌 현실로 다가오는 거 아니냐.' 이런 생각을 했던 것 같아요. 하지만 미국은 전혀 생각도 기대도 하지 않았던 일이었거든요.

최근 일본의 강제징용 제3자 변제 문제나 후쿠시마 오염수 문제를 대하는 미국의 입장을 보면서 이것은 해방 이후 미국의 한반도 정책의 연장선이라는 인상이 들었습니다. 예를 들면 미국이 제2차 세계대전을 끝내고, 특히 한국전쟁 이후로 일본을 '번영스러운 동맹(prosperous ally of the U.S.)'으로 삼았습니다. 일본은 패전국인데도 말입니다. 오히려 한국이 승전국의 하나일지도 모르는데 우리는 그냥 변방으로 또 냉전의 핵심 전장(key battle ground)으로 계속 남겨 뒀어요. 지금까지도요. 그래서 미국이 표현하기를 일본을 '치명적인 동맹(vital ally)이라고 하죠.

최근 드러나는 일련의 사태들을 모두 보면 미국은 우리가 일본과 화해하기를 원했어요. 동북아시아에서 일어나는 사태들 즉 북한 미사일 발사와 같은 한반도 상황, 중국의 대만 침공 그리고 아태 지역에서 일어나는 모든 문제에 대해 미국 자신은 손대지 않겠다는 겁니다. 미국의 속셈은 일본이 패권을 가지고 중심추 역할을 하고 한국이 이를 적극적으로 돕는 상황입니다.

미국의 동아시아 전략은 일본을 통해서 그 패권을 유지하는 것인데, 한일 간 관계가 악화되면 장애 요인이 되니까 윤석열 정권을 압박해서 일본과 화해하게 만들었습니다. 과거의 정권들은 이런 미국의 전략을 잘 파악하고 눈치를 보는 정도였지만 현 정권은 전혀 파악하지 못하고 미국이 원하는 대로 마냥 따라주고 있는 거죠.

지금 보십시오. 인도·태평양 지역에서 만들어진 쿼드(Quad, 미국·인도·일본·호주의 정치·군사·안보동맹나 인도태평양경제동맹(IPEF, 공급망 재편 등을 통한 중국 고립 반중국 연합전선)도 일본이 선봉입니다. 나토(NATO, 북대서양조약기구)와 관련된 우크라이나전쟁에 왜 동북아시아의 변방 한국이 얼쩡거립니까? 일본이 미국의 선봉대가 되어 미국이 원하는 대로 한국이 행동하기를 추동하는 겁니다. 강제징용 제3자 변제도 그런 미국의 전략 속에서 보면 이해가 되는 거죠. 그리고 후쿠시마 원전 오염수 문제도 "괜찮아, 먹어도 괜찮아." 하고 있는데 사실은 우리나라 빼고 전부 반대잖아요?

Q 국민의 생각을 살펴보면 미국과 우리가 잘 지내야 한다는 점에 여전히 많은 국민이 동의하고 있습니다. 하지만 일본과의 관계는 좀 다르다고 보는 것 같습니다. 어떻게 생각하십니까?

이재강 당연한 얘기입니다. 과거 아픈 역사도 있고, 최근 대한민국과 일본과의 상황이 많이 달라졌거든요. 사실 우리가 중국에는 무역수지가 흑자이지만 일본은 늘 적자였습니다. 일본에서 물건을 수입하는 입장이기 때문에 냉정하게 판단하면 우리가 굳이 아쉬운 소리를 할 필요가 없는 거예요.

이런 국민 정서가 있음에도 불구하고 무리한 외교를 강행했단 말이지요. 미국이 의도하는 글로벌 전략 동맹 속에서 대한민국은 지금 하수인 역할을 하고 있는 겁니다. 미국은 아주 흡족한 상황이죠.

또 심각한 문제가 하나 더 있습니다. 만일 중국의 대만 침공 사태가 본격적으로 벌어지거나 또 북한과의 국지전이 벌어질 경우 평택이 전쟁의 주요 기지가 되지 않겠어요.

평택 미군 기지로 알려진 '험프리스USAG Humphreys' 미군 기지는 세계 최대의 해외 미군 기지입니다. 일본군이 앞장서고 우리는 총알받이가 되는 겁니다. 미국의 전략이죠. 동북아시아 지역뿐만 아니라 인도·태평양 지역, 북대서양까지 우리나라가 전초기지가 되도록 규정돼 있는데 이것을 윤석열 정부는 그대로 받아주고 있는 거죠.

'가치 외교'는 윤 정부의 잘못된 길 찾기

Q 현 정부에서는 이것을 '가치 외교'라고 표현하고 있지 않습니까? 국정 운영의 다양한 분야 중 가장 모호한 태도를 보여야 할 분야가 다름 아닌 외교 영역인데 현 정부는 고민이나 깊은 생각 없이 일단 직진하는 그런 모양새입니다. 그래서 이를 두고 극단적인 방향으로 질주하고 있다는 비판이 제기되고 있거든요.

이재강 '가치 외교!', '가치 외교!' 하고 내세우고 있는데, 솔직히 지금 전 세계에서 우리만 그렇게 하고 있습니다. 문제는 미국과 같은 편인 일본도 지금의 우리 정부와 같은 방향으로 가고 있지 않다는 데 있습니다. 언뜻 보면 일본은 미국의 의도대로 움직이고 있는 것 같으면서도 다른 한편으로는 러시아와 적극적인 협력을 모색하여 에너지 문제도 해결하고 있고, 중국과도 다양한 협력을 시도하고 있습니다. 겉으로는 미국의 말을 듣는 것 같지만 실속은 그게 아닌 겁니다. 우리는 지금 가치 외교가 아닌 '실리 외

역사의식이 전혀 없는 반민족이고 반시대적인 외교는 중단되어야 한다.

교'를 해야 하는 상황입니다.

실리 외교의 필요성은 노무현 대통령이 재임 시절 거론한 내용을 보면 이해가 되죠. 노 전 대통령은 "이제는 우리가 미국을 다시 한번 생각해볼 시간이 돌아왔다. 우리가 그들과 잘 지내고 있지만 우리 이익에 맞게 국익에 맞게 조정을 해야 되지 않겠는가." 라고 끊임없이 강조했습니다. 지금이야말로 노무현 전 대통령이 거론한 대미 전략 관련 조언을 다시 되새겨볼 시간인 겁니다.

외교는 국익 중심의 외교가 기본인데 이 정권에서는 그 기본이 깨지고 있습니다. 영국에서 정치학을 공부한 전문가로서는 현 정부의 '가치 외교'는 한마디로 '전쟁 외교'라고 결론을 내릴 수 있습니다. 일례로 한일 정상회담도 미국이 거의 윽박지른 거 아닙니까? 일본도 딱히 껄끄러운 관계에 있는 한국과 한자리에 앉기 쉽지 않았는데 미국이 강요해서 진행된 겁니다. 과거 월남전 파병 문제도 똑같은 사례인 겁니다.

현재 한일관계가 미국의 의도대로 가고 있습니다. 지난 2023년 4월 미국에서 한미 정상이 만난 자리에서 바이든 대통령이 일본에 가서 한번 만나라고 하니까 바로 한일 정상회담이 이루어진 겁니다. 정말 안타까운 것은 윤석열 정부는 지금 자신들이 하는 외교적인 행동들이 어떤 의미를 지니고 있는지조차 모르는 것 같다는 점입니다. 역사의식이 전혀 없는 반민족적이고 반시대적인 정권이라 하지 않을 수 없습니다.

미국과 중국은 지금 패권 전쟁을 하면서 신냉전 구도를 강화해나가고 있습니다. 그로 인해 '한미일', '북중러' 이런 대립 전선이 형성되는 중입니다. 그러면서도 미국은 중국과 교류할 것은 다 합니다. 대외적으로는 "대만을 침공하면 중국을 가만히 두지 않겠다. 바로 폭격하겠다."라고 으름장을 놓으면서도 내적으로는 중국과 엄청나게 협력하는 상황입니다. 이 말은 실리 외교를 하고 있다는 뜻입니다.

Q 우리나라가 외교 안보 정책의 기조를 어떻게 펴나가야 한다고 보십니까? 무엇보다도 우리 국익을 위한다면요?

이재강 우리가 당면해 있는 지금의 굴욕적 외교 정국을 해결할 수 있는 길은 먼저 남과 북의 공조라고 봅니다. 역으로 이것이 미국과의 글로벌 전략적 동맹을 잘 유지해갈 수 있는 실리 외교의 출발점이라고 생각합니다.

누군가는 "말도 안 되는 소리 하지 마라."고 할 수도 있겠지만 실제로는 이 연결고리가 거기에 있습니다. 지금은 대한민국을 중심으로 '북중러'와의 대립을 강화하는 국면으로 가고 있습니다. '북중러'의 삼각동맹은 북한이 그 키를 잡고 있습니다. 하지만 한

미일 삼각동맹의 키는 우리가 쥔 게 아닙니다. 미국은 일본을 그 중심에 놓고 그렇게 가도록 만들어가는 중이거든요. 현재로서는 삼각동맹에서 삼각형의 이등변 밑에 변이 비어 있어요. 그래서 제가 생각할 때는 남북 간의 공조 이것이 지금 가장 필요합니다.

남북 간의 공조, 즉 협력이야말로 미국의 어떤 글로벌 전략 동맹이라도 견제할 수 있는 유일한 해법입니다. 중국의 대만 침공 시 피해를 보는 곳은 바로 한반도입니다. 우리가 당사자이니까 당연히 우리가 그 키 역할을 해야 하죠. 사실 전문가들 사이에선 실제로 평택이 위험하다는 얘기를 참 많이 한다고 합니다. 평택이 미군의 해외 기지 중 세계 최고의 기지인 건 아시죠? 만일 대만에서 일이 벌어지면 어디에서 출발하겠습니까? 평택입니다. 그렇다면 중국 쪽에서 평택을 가만히 놔두겠습니까? 실제로 한반도가 총알받이가 되고 전쟁터가 되는 겁니다. 그야말로 최대의 화약고가 될 수밖에 없는 거죠. 마치 청일전쟁과 러일전쟁 때와 마찬가지로 말입니다.

Q 현재 윤석열 정부의 기조 즉 '가치 외교'를 두고 '전쟁 외교'라는 말이 나오는 게 바로 그 이유였군요. 가치 외교가 그만큼 위험한 것이라는 게 이해가 됩니다. 머지않은 미래에 대만에 유혈 사태가 번진다면 대한민국이 전쟁터가 된다는 결론은 이미 나 있는 것

같습니다. 그러면 이런 측면에서 앞으로 야당이 취해야 할 역할은 무엇이라고 생각하십니까?

이재강 지금 국면에서 국민적 합의가 이루어지지 않은 외교는 중단되어야 합니다. 이것은 매우 중요한 일입니다. 이것을 저지시키는 일이 더불어민주당이 앞장서서 시급히 해결해야 할 중대 사안이라고 생각합니다. 특히 후쿠시마 원전 핵오염수 처리 문제는 많은 국민도 아시다시피 태평양 지역의 많은 섬이 이미 성명서를 발표하고 "하지 마라"고 적극적으로 대처했던 사안입니다. 그런데 우리만 손 놓고 있었던 꼴입니다.

Q 지난 2008년도였습니다. 당시 광우병 사태 때 다수의 국민이 문제를 지적하고 들고 일어나자 결국은 수입 소고기의 도축 소 연령을 30개월 이하로 만들었습니다. 그때처럼 국민적인 어떤 저항력이 크게 번질 가능성이 있다고 보십니까?

이재강 지난 8월 24일 일본 정부의 후쿠시마 원전 핵오염수 해양 투기가 시작됐습니다. 중단하지 않을 경우 약 137만 톤의 오염수가 최소 30년 이상 해양에 버려지게 됩니다. 이건 아주 심각한 일입니다. 우리의 먹거리와 직결되거든요. 우리나라와 태평양 바다

| 윤석열 정부를 이대로 두면 안 된다. 국민이 직접 회초리를 들어야 한다.

는 물론, 해양 생태계까지 핵 방사성 물질로 인한 위협에 직·간접적인 피해를 입을 수밖에 없는 현실입니다.

2023년 들어 원전 핵오염수 방류 문제가 불거지면서 주변의 아는 사람 사이에서 '회 먹지 말자'는 분위기가 형성되고 있었습니다. 우려가 현실이 되었습니다. 원전 핵오염수를 본격적으로 바다에 흘려보냈거든요. 우리 수자원 문제뿐만 아니라 농업 문제와도 연결될 것입니다. 시간이 흐를수록 요식업이 엄청난 타격을 받을 것입니다. 그렇게 되면 수산업계뿐만 아니라 자연스럽게 농산물에도 영향을 미치게 되죠. 무엇보다도 아이들 급식부터 문제가 불거져 나올 테죠. 머지않아 국민의 건강이 위협받는 상황으로까지 치달을 수 있을 것입니다.

그럼에도 불구하고 지금 윤석열 정부는 이런 우려를 심각하게 받아들이지 않고 있습니다. 정말로 윤석열 정부를 이대로 두면 안 됩니다. 국민이 직접 회초리를 들어야 합니다.

경제는 손 놓고 '검사 정치'로 일관하는 중

Q 윤석열 정부가 출범한 지 1년이 훌쩍 지났습니다. 그간 현 정부가 펼친 경제 정책에 대해 평가하신다면?

이재강 한마디로 낙제 수준이죠. 가장 큰 문제는 세금입니다. 2022년 11월에 국회 토론회에서 한 시민단체가 부자 감세로 인해 향후 5년간 60조 원의 손실이 발생할 수 있다는 전망을 내놓기도 했습니다. 그에 대한 대안도 없습니다. 사실 '경제 정책'이라고 말할 수 있는 뭔가를 펼친 것조차 없지 않습니까? 그 때문에 지금 우리 경제가 엉망진창이 돼가고 있습니다. 머지않은 날에 이 결과물들이 IMF 위기 그 이상의 경제적인 고통으로 이어질 수도 있다고 봅니다.

윤석열 정부는 지금 그냥 손 놓고 있는 것 아닙니까? 내용도 없고 정책도 없고 철학도 없는 정권이 이 나라를 이끌고 있다는 현실이 정말 안타깝습니다.

Q 실제로 윤석열 대통령은 선거 후보 시절 정책적이라고 할 만한 것들이 그다지 보이지 않았습니다. 당연한 귀결이겠지만 현 정부의 상황 또한 추진하는 경제 정책들의 일관성이 없어 보입니다. 그렇다 보니 대선 당시가 떠오릅니다. 'RE 100'이 TV 토론회에서 쟁점화된 적이 있었던 걸 기억하시는지요? 당시 이재명 더불어민주당 후보가 국민의힘 윤석열 대통령 후보를 향해 "RE 100에 어떻게 대응할 거냐?"고 묻자 윤 후보가 "그게 뭐죠?"라고 되묻는 장면을 볼 수 있었습니다. 혹자는 그런 용어를 "모를 수도 있는 것

아니냐?"고 반문할 수 있습니다. 물론 모를 수도 있겠지요. 그가 보통 시민이라면 말이지요. 하지만 대선 후보라면 그건 문제가 있는 거죠. 경제에 대한 이해가 그만큼 부실했다는 뜻일 테니까요. 그런데 최근 ESG 경영과 함께 'RE 100'이 다시 화두가 되고 있습니다. 어떻게 보십니까?

이재강 지금 우리 수출 기업들은 난리가 났습니다. 수출이 시원찮은 마당에 비용도 늘어날 것으로 예상되기 때문입니다. 2023년 10월부터 유럽연합(EU)이 수입품의 생산 과정에서 발생한 탄소 배출량을 규제하는 탄소 국경 조정 제도(CBAM)를 시행합니다. 국내 수출 기업의 수출 비용이 늘어날 우려가 커지고 있습니다.

2023년 들어 윤석열 정부는 민간 투자 300조 원을 유치해 수도권 일대에 세계 최대 규모의 시스템반도체 클러스터를 구축한다고 발표했습니다. 삼성전자가 용인에 시스템반도체 국가 산업단지를 짓는 게 그 핵심인데요. 저는 좀 회의적인 견해를 갖고 있습니다. 삼성전자가 과연 국내에 공장을 지을 수 있을까 싶은 거죠. 대규모 산업단지를 조성하려면 그에 필요한 재생에너지 수급이 확보돼야 하는데 현재 대한민국에서 발생하는 태양광 에너지를 다 합쳐야 지금 가동 중인 삼성전자 하나 잘 돌릴까 말까 한다고 해요. 이 상황에서 또 대규모 공장을 짓는다면 먼저 재생에너지에 대한 계획이 서 있어야 하지 않습니까?

문재인 정부 들어 우리나라도 2030년까지 'RE 100' 즉 재생에너지 사용을 35%로 확대하겠다고 했는데 현 정부 들어서는 반대로 15%로 낮추지 않았습니까. 이거 몹시 황당한 일입니다.

우리가 세계 1위 반도체 국가이지만 앞으로는 미국이 다 빼앗아 갑니다. 최근에 보지 않습니까? 2023년 4월 열린 한미 정상회담에 가서 넷플릭스와 59억 달러 투자 유치해왔다고 자랑을 했습니다. 이마저도 논란이 있는 넷플릭스의 투자분 25억 달러를 제외하면 34억 달러로 줄어듭니다.

한국은 지난 2년여 동안 미국에 1,000억 달러 이상을 투자했습니다. 여기에는 삼성 반도체 공장, 현대의 전기차 공장, SK 배터리 공장의 신규 투자 등이 포함돼 있다고 제이크 설리번 미국 국가안보보좌관이 직접 밝힌 사실입니다. 오죽하면 '퍼주기 외교'를 하고 왔다는 말이 국민의 입에서 나왔겠습니까?

얼마 전 울산 사람을 만났더니 하는 말이 "현대자동차가 지금이야 괜찮지만 앞으로 10년 뒤 진짜 걱정된다."라고 하더군요. 미국에 공장 짓는다는 사실을 다 아니까 일자리가 줄어들 거라고 미리부터 걱정하는 거죠. 우리가 미리 앞장서서 미래를 적극적으로 대비해도 시원찮을 마당인데, 사실 지금 현 정부의 외교나 경제 정책은 심각하기 짝이 없는 수준입니다.

Q 일부에서는 군사독재보다 더 악랄한 검찰독재의 시대라는 말도 나옵니다. 얘기인즉 군사독재 때는 그나마 경제라도 전문가에게 맡겨서 그럭저럭 넘어왔는데 지금의 검찰독재 정권은 경제도 엉망이고 민주주의도 엉망이고 외교·안보도 엉망이다. 이런 주장인 것 같습니다.

이재강 실제로 군사독재보다 검찰독재가 무서운 것이라는 사실을 최근에 깨달았습니다. 일각에서는 '무식한 검찰독재'라고 불러야 한다는 목소리까지 나오고 있죠. 스스로는 법에 입각하여 원칙적으로 모든 사안을 처리한다고 하면서 법을 자의적으로 해석하거나 법 위에서 자신들 마음대로 법을 왜곡 집행하는 일이 다반사입니다. 이렇게 철학도 원칙도 없는 검찰독재의 민낯을 확인하고 있지 않습니까. 그러니 정말 말이 안 되는 일들이 계속 벌어지고 있습니다. 오죽하면 집에서 아내와 대화 시에도 "이 정권의 민낯을 국민이 정말 모를까?", "글쎄 말이야!" 이런 말을 주고받을까요.

국민이 모르고 있다면 왜 모를까요? 언론이 알아서 설설 기는 그런 구조가 되어 있기 때문인 거죠. 실제로 윤 정부의 문제를 제기한 언론을 법 집행이라는 이름으로 압수수색하여 입에 재갈을 물리려는 시도가 이어지고 있습니다. 그러니 검찰독재에 따른 두려움을 느끼고 자세를 낮추는 게 살길이라고 여기는 거 아니겠습니까?

Q 주변에 지난 대선에서 윤석열 후보를 선택했다가 뒤늦게 후회하는 분들을 혹시 만나본 적 있습니까? 그들은 어떤 점을 가장 후회하던가요?

이재강 많은 분을 만났습니다. 한결같이 하는 말이 있죠. "이 정도로 무식할 줄 몰랐다."입니다. 윤석열 대통령의 가족들만 자유로운 나라를 만들어 놓았다고 후회한다더군요. 그래서 "용서할 수 없는 일이다.", "가만히 내버려 두지 않겠다."고 분노를 뿜어내는 분들이 많습니다.

정말 심각한 것은 지금 경제 상황에 대해 아무것도 손을 쓰지 못하고 뒷짐을 지고 있는 검찰독재 세력의 문제라고 봅니다. 그 사람들은 애초부터 경제에 관심이 없었어요. 그런 무관심한 집단이 권력의 핵심에서 모든 의사결정을 하는데 뭐 하나인들 제대로 될 리가 있겠습니까?

Q 윤석열 대통령이 취임 후 제1야당인 이재명 대표와 단 한 번도 만나지 않았습니다. 이 부분에 대해 어떤 생각이 드십니까?

이재강 윤석열 대통령은 이재명 대표한테 "전면전이다"라고 선포한 격입니다. 집권하자마자 이재명을 잡아 들이지 않으면 큰일 난다는 식의 자세를 취하고 있는 것 같습니다. 증거나 사실에 부합되는 상황들이 하나도 없어도 강력하게 몰아붙이고 뭔가 하나라도 꼬투리를 만들어내고 종국적으로 이재명을 마비시키려는 것 아니겠습니까. 그러니 정치 전문가들 사이에서도 윤석열 대통령이 야당 대표에게 만나자는 이야기를 계속해야 한다는 지적이 나왔지만, 그걸 새겨들을 사람은 아닌 듯합니다. 도통 남의 말을 듣지 않는 사람처럼 보입니다. 이 점도 무척 불안한 요인 중 하나입니다.

과거 정부에서는 제아무리 극악무도한 독재정권이라도 야당 지도자를 만났습니다. 그런데 현 정부는 아예 신경도 안 씁니다. 짐작건대 앞으로도 안 만날 겁니다. 아니 만날 일이 없다고 할 겁니다. 하지만 그렇게 되면 결국 정치 실종이 되고 마는 겁니다.

현 정부는 정치 부재, 정치 실종 상황으로 몰아가고 있는 겁니다. 그러니 문제 해결의 실마리가 없어지는 거죠. 계속 이렇게 방황하고 부유하면서 한심한 지경 속으로 빠져들겠죠. 이 과정에서 서민들의 삶이 바닥으로 곤두박질할 것이 가장 큰 걱정입니다.

Q 검찰에서 일명 '대장동 수사' 건을 수사하는 모습을 지켜보면

서 민주당에서는 "편파 수사다.", "표적 수사다.", "정치 탄압이다." 이렇게 주장합니다. 국민의 의견을 들어보면 검찰에 대한 신뢰도에 이어서 수사 공정성에 대한 신뢰가 과거보다 많이 떨어진 것으로 조사되기도 합니다. 이재명 대표를 향한 검찰의 수사 진행 상황을 지켜보신 소감은 어떠신지요?

이재강 과거 이재명 대표가 경기도지사 시절 5일에 3일은 법원에 가 계셨던 것 같습니다. 제가 경기도 평화부지사로 함께 일할 당시 정확히 2020년 7월 16일 이재명 당시 경기지사의 허위 사실 공표 혐의에 대해 대법원 무죄 판결을 받았습니다. 실제로 우리 전 국민이 아셔야 할 게 이재명 지사가 2010년 성남시장 초선에 당선된 후 다시 2014년 재선에 당선되어 시장으로 일한 8년 중 대부분 이명박, 박근혜 정권 시절이었는데 뜬금없는 탄압과 협박이 지속되었다는 점이거든요. 사실이나 증거와 관계없이 이재명의 정치적 영향력을 흠집 내기 위해 끊임없이 박해하고 죄를 뒤집어씌우려고 해왔다는 겁니다.

특히 성남FC 후원금 의혹이나 대장동 문제는 이미 다 종결된 일인데 이걸 다시 끄집어낸 겁니다. 이건 완전히 견강부회牽强附會입니다. 시쳇말로 소설을 쓰는 거죠. 재미도 없는 소설을 끊임없이 이어가고 있는 셈입니다. 진행조차 제대로 안 되는 일들을 계속해서 질질 끌고 가면서 이재명 대표를 몰아붙이고 있는 검찰의 모습을 볼 때, 제 생각으로는 결국은 이것이 자신들의 족쇄가 되지 않을까 싶습니다. 다음 총선 전후로 파국을 맞지 않을까 하는 그런 생각이 듭니다.

Q '대장동 50억 클럽'과 '김건희 여사 도이치모터스 주가 조작 의혹 사건'에 대한 쌍특검이 국회에서 신속 처리 안건으로 채택이 됐습니다. 이에 대해 대통령이 거부권을 행사할 것 같습니까?

이재강 윤석열 독재 세력이 그걸 받아들이겠습니까? 거부권을 행사할 수밖에 없겠지요. 총선 직전이잖습니까.

Q 만일 쌍특검을 대통령이 거부하면 과연 민심의 반응이 어떻게 나타날지 그 귀추가 주목됩니다.

이재강 윤석열 정부는 쌍특검 자체를 받아들일 수 없다고 봅니다. 받아들이는 순간 자신들이 허물어지기 시작하니까 계속 견제해나가지 않을까 싶습니다.

윤석열 대통령은 역대 대통령들과는 많이 다릅니다. 좋지 못한 태도죠. 국민이 질책하는 사안들이나 자신의 잘못된 행동이

나 실수에 대해서 사과하지 않습니다. '반성이나 사과에 굉장히 인색한 대통령'이라는 이미지가 국민에게 이미 각인돼 있습니다. 윤 대통령 본인이 직접 말하지 않았습니까? 1%의 지지를 받더라도 자신은 대통령직을 유지하겠다고요. 국민의 지지율 따위에는 신경 쓰지 않겠다는 말을 공개적으로 하기도 했습니다. 이런 태도는 과거 검사 시절에 길든 구태의연한 관습으로부터 벗어나지 못하고 있다는 것을 입증해주는 셈입니다. '무오류 검사는 오류를 범하지 않는다'는 식의 검사들 특유의 자가당착으로 그야말로 말도 안 되는 고집을 부리고 있는 거죠. 그러니 검사 시절에 쌓은 사고나 분위기를 정치 영역에서 그대로 보여주는 거 아니냐는 지적이 나오는 게 아니겠습니까. 없는 죄를 있는 죄로 만드는 이런 일들을 자기가 너무 잘해왔기 때문에 민심은 신경도 쓰지 않는 것 같습니다.

그래서 쌍특검 문제 정도는 간단하게 해결할 수 있다고 생각하는 것 같습니다. 증인의 공정성이나 이런 거는 전혀 개념이 착상조차 안 돼 있다고 보는 거죠. 자신의 경험에 비춰볼 때 어떤 일이든 언제든지 다시 불러와서 문제 삼는 것이 가능하고 또 조작도 가능하다고 믿기 때문이 아닐까요? 조선 시대 '망난이의 칼춤' 같은 일을 벌이고 있어요. 저 개인적으로는 그가 이런 행동들을 결코 멈추지 않을 것이라는 생각을 자주 합니다.

Q 이야기를 나눌수록 참 염려스러운 상황이 아닐 수 없습니다. 결국엔 총선을 통해서 민심이 확실히 드러나는 수밖에 없겠네요?

이재강 총선이 변곡점이 되지 않을까 싶습니다. 총선에서 더불어민주당을 비롯한 야당이 압승한다면 여당인 국민의힘 내에서도 윤석열 대통령과는 다른 길을 선택할 수밖에 없는 그런 상황이 올 거라고 봅니다. 거리를 두지 않겠습니까?

진실이 부재한 '센터 본능'의 영부인

Q 갈수록 활동이 많아지고, 활동이 많아질수록 구설에 오르고 있는 김건희 여사에 대해서는 어떻게 생각하십니까?

이재강 솔직히 말해 이런 영부인은 처음 보는 것 같아요. 용산 대통령실에서 대통령을 'V1', 김 여사를 'V2'로 나눠 부른다는 것이 이미 논란거리가 됐듯이 대외적인 활동을 이렇게 왕성하게 하는 영부인은 처음 보는 것 같습니다.

김 여사의 인생 자체가 진실한 곳이 한구석도 없어 보입니다. 지금 움직이는 거 보면 마치 대통령이 할 일을 자기가 더 잘할 수 있다고 믿는 것 같습니다. "내 남편은 힘도 없고 능력도 없는 사람이다."라고 자신 스스로 말한 것이 항간에 자자하게 퍼졌습니다. 그래서인지 요즘의 행보를 보면 서서히 자신의 본색을 드러내고 있는 것 같습니다. 하지만 어딜 가서 무얼 보여주든 늘 사고만 치는 것 같은데 앞으로도 계속 그런 일들이 재현될 것이라는 예측이 들어 불안하고 안타깝습니다.

온 국민이 알다시피 김 여사가 사진을 찍으면 '센터 본능'을 그대로 보여줍니다. 가운데 찍히는 걸 좋아하는 것 같아요. 한동안 헤집고 들어가서 사진 촬영을 하더라고요. 요즘은 좀 고쳐진 것 같기도 합니다만. 센터 본능에 대해서 저는 김 여사가 태생이 그런 게 아닌가 싶어요. 본인 입으로 말을 했잖아요. "내가 남자 같다."라고. 자기 자신에 대해 아주 정확하게 파악한 것 같아요.

Q 비선 실세가 늘 박근혜 정부 때도 논란이 됐습니다. 결국은 최순실 씨가 드러났고 국정농단으로 이어졌는데요. 현 정권 들어와서도 '천공'이라는 사람이 계속 논란이 되고 있습니다.

이재강 이미 누가 말했던 것 같은데요. 선무당이 사람 잡는 것과 같은 그런 정권이라고요. 천공은 대놓고 자기가 이 정권을 지시하고 있다고 말하고 있지 않습니까? 실제로 이 정권 초기부터 주

경제도 민생도 평화도 손을 쓰지 못하고 뒷짐을 지고 있는 검찰독재 세력의 문제가 심각하다.

변에 사이비종교 같은 세력들이 있었거든요. 실제로 그들을 보면 우리가 인정하는 종교인이 아닙니다. 천공이 볼 때 신천지 교주는 무당이거든요. 기독교 목사 출신이 아니고 무당이기 때문에 자신들끼리는 서로 통하니까 신천지 세력의 발언을 옹호했고 현 정부도 그렇게 하고 있거든요.

참으로 한심한 게 고려 시대나 조선 시대에 가능했던 일이 21세기인 지금 우리에게 벌어지고 있다는 사실입니다. 무속인이 권력을 좌우하는 시대를 우리가 지금 두 눈으로 보고 있는 것이지요. "천공이 실세다."라는 말이 이미 널리 퍼져 있는데, 저 또한 그 사람이 실세가 아닐까 의심스럽습니다. 대통령이 그 사람의 영향을 많이 받는 듯 보이고 대놓고 언론에 드러나지 않지만 계속해서 영향력을 행사할 수도 있겠구나 싶은 거죠.

일례로 2022년 9월 8일 사망한 영국 엘리자베스 2세 여왕을 조문하러 갔지만, 교통 사정을 핑계로 추모식장에 나타나지 않으면서 논란이 일었습니다. 천공이 "영국 가서 장례식장에는 가지 마라. 나쁜 기운을 받으면 안 된다."고 했다고 합니다. 천공 동영상에 그런 내용이 있었어요. 많은 일이 천공의 지시대로 진행되는 것 같습니다. 이게 말이 되는 일인가요? 이에 대해 윤석열 정부 측에선 가짜 뉴스라고 몰아붙이고 있습니다. 믿기진 않지만 진심으로 그 말이 맞길 바랄 뿐입니다.

Q 2023년 5월 말 기준 '윤석열 퇴진, 김건희 특검 촛불집회'가 무려 41차까지 진행됐습니다. 촛불집회에도 참여하셨는가요? 그곳에 갔다면 수많은 시민을 만나고 시민들이 어떤 마음으로 참여했는지 이미 읽을 수 있었겠어요?

이재강 저도 거의 매번 참여했습니다. 분노하고 원통해하는 분이 많았습니다. 이를테면 "나는 윤석열 대통령을 선택하지 않았다. 하지만 잘못 들어선 정권 때문에 국민은 고통받고 있다."라고 표현하는 분들이 적지 않습니다. 거기 나오시는 분 중 대다수가 거의 매번 빠지지 않고 나오는 분들입니다.

집회에 가서 정말 놀랐던 것은 60대, 70대 어르신들이 의외로 많다는 거예요. 어르신들일수록 현장에 좀 일찍 오시거든요. 오후 5시에 시작한다고 하면 3시 반쯤이면 이미 와서 앉아 계세요. 그분들은 "우리는 많이 살았다. 그런데 자식들이 걱정이다."라는 얘기를 많이 하십니다. 당신 자식들 걱정이 돼서 이 정부를 그냥 두면 안 되겠다는 겁니다. 게다가 그분들은 지난 대선에서 2번을 찍은 분들이거든요. 그래서 당신들 가슴이 아프다면서 분노하는 모습을 보이더군요.

대선 패배, 단일대오가 절실하다

Q 지난 대선 때 아슬아슬한 차이로 이재명 후보가 낙선했습니다. 그 누구보다 안타까움이 컸을 것 같습니다.

이재강 선거 중에도 제가 이재명 대표 측근들에게도 한 말이 있었는데 바로 '단일대오'입니다. 그게 이루어지지 않은 것이 가장 결정적인 요인이었다고 봅니다.

김대중 정부는 해냈습니다. 하지만 노무현 정부와 문재인 정부의 공통적인 패착은 후계자에게 정권을 이어주지 못했습니다. 2012년 선거 때 제가 문재인 후보 캠프에서 조직본부장을 했습니다. 낙선했는데 그때 깨달은 게 '민주당이 일렬로 서지 못 하는구나.' 즉 단일대오를 이루지 못해서 졌다는 것입니다. 그래서 지난 대선 때 이재명 후보 사람들에게 단일대오를 만들지 못하면 진다고 누누이 강조했습니다. 당시 대선은 간신히 이기거나 아깝게 지는 싸움이었습니다. 그런 상황에서 단일대오를 이루지 못하면 아주 아쉽게 질 거라고 예측했습니다. 실제로 선두에 서서 지휘를 해보니 정말로 안 움직이는 분들이 많더군요. 공조직이 잘 안 움직였던 것입니다.

대선 경선 당시 이낙연 전 대표를 지지했던 의원 중 열심히 뛰지 않은 이들이 꽤 있었습니다. 제가 방송 유세차를 이끌고 움직이지 않는 국회의원이나 위원장 집 앞에 의도적으로 찾아가 대놓고 연설을 해도 안 나오더군요. 정말 한 명도 안 나왔습니다. 그래서 내가 또 속으로 '이거 졌구나' 이런 생각이 들 정도였으니까요.

저는 공개적으로 제 방송(이재강TV 유튜브)에서도 같은 말을 했습니다. 민주당으로서는 이낙연 전 대표가 가장 큰 힘을 발휘할 수 있는 자산이었잖습니까. 경선에서 이낙연 후보를 지지했던 사람도 있고 이재명 후보를 지지했던 사람도 있었습니다. 하지만 그건 선의의 경쟁을 하는 거였을 뿐입니다. 결국, 민주적 절차에 의해서 이재명 후보가 민주당의 대선 후보로 선정됐습니다. 그러자 이낙연 전 대표의 국무총리 시절 비서실장으로 자신의 캠프에 있던 정운현 씨가 윤석열 캠프로 말을 갈아탔습니다. 그러면 이낙연 전 대표는 이재명 후보 지지 선언을 한 다음에 곧장 정운현 씨의 갈아타기에 대해 입장을 밝혔어야 합니다.

"이건 잘못된 행동이고 내 얼굴에 먹칠한 것이다. 용납할 수 없다. 나를 지지했던 모든 지지자에게 다시 한번 부탁한다. 이재명 후보를 위해서 열심히 뛰어달라. 반드시 정권을 제창출해야 한다"

적어도 이런 식의 공개 선언은 있어야 했습니다. 하지만 그러지 않았습니다. 그것이 엄청난 실수였던 것입니다. 제 생각으로는 향후 이낙연 전 대표가 정치를 다시 할지 안 할지는 모르겠으나 다시 하게 된다면 그 부분이 이낙연 전 대표의 이미지에 큰 타격을 주지 않을까 싶습니다. 민주당의 바로 이런 문제점이 대선 패배의 주된 원인 중 하나였다고 봅니다.

지금도 더불어민주당에서는 '비명계'니 '친명계'니 하는 말이 나옵니다. 국민의힘 사람들은 큰일 벌어지면 바로 뭉칩니다. 우리 당은 적어도 그런 자세를 배워야 합니다. 그게 모두를 위한 공동의 목표이자 정당의 힘이 되는 거 아닙니까?

현재 이재명 대표가 사각지대로 몰리고 있고 또 당내에서도 좀 분란이 많긴 하지만 얼마든지, 문제 해결이 가능합니다. 당원 중심으로 당을 혁신하면 모든 문제가 풀리고 단일대오도 이루어질 거라고 봅니다. 당원이 주인이 되는 혁신 정당을 건설하는 것이 지금 이재명 대표와 더불어민주당의 시대적 소명이라고 생각합니다.

4장

지속 평화를 위한 기본사회 건설

영국에서 정치학의 깊이를 다진 이재강은 이제는 우리가 '기본사회'와 '공동사회'를 고민하고 추구해야 하는 시기라고 주장한다. 제4차 산업혁명과 함께 AI(인공지능)가 일하는 세상이 도래한 만큼 노동이 아닌 기술이 생산의 주축이 되는 세상에서는 기본적인 인간의 권리가 사회적으로, 정치적으로, 경제적으로 보장되도록 하는 사회 즉 '사회권이 보장된 사회'가 되어야 한다는 것이다,

또 정치란 '공동체를 어떻게 만들 것인가?', '공정한 사회, 공동사회를 어떻게 만들어 갈 것인가?'를 고민하고 실천하는 일이라고 피력한다.

기술이 이끄는 AI 시대는 '기본사회'가 정답

Q '기본사회' 관련해서 이야기를 좀 나눠보도록 하겠습니다. 지금 국회에 관련 조직이 있죠?

이재강 네. '기본사회위원회'입니다. 복지사회를 넘어 기본적 삶이 보장되는 '기본사회'로 나아가야 한다는 차원에서 이재명 당 대표가 신년 기자회견에서 밝힌 '기본사회' 구상을 실현하고자 하는 비상특별위원회입니다.

이재명 대표가 직접 나서서 더불어민주당 내에 기본사회위원회를 구성해 2023년 6월 1일 발족시켰습니다. 저는 발족 이전에 공동위원장단의 일원으로 직접 조직을 구축하는 일을 했습니다. 약 2개월 정도 걸렸습니다.

Q '기본사회'라는 용어 자체를 잘 모르시는 국민이 많습니다. 물론 기본소득이 논란도 됐기 때문에 개략적인 것은 짐작할 수 있겠

지만, 구체적으로 기본사회란 과연 어떤 사회를 말하는 것인지 설명을 해주시겠습니까?

이재강 일반적으로 우리가 말하는 기본사회는 기본소득, 기본금융, 기본주택 이런 것들이 이루어지는 사회라고 하는데 기본사회를 법적으로 말하면 '사회권'입니다. 그런데 이 '사회권'이 우리에게는 지금 문제가 되죠. 선진국의 대다수는 사회권이 보장된 사회입니다. 사회권은 '인권'이기도 하고 '기본적인 삶의 권리'이기도 합니다.

조국 교수가 '사회권'에 대한 얘기를 자신의 책 《가불 선진국-연대와 공존, 사회권 선진국을 위한 제언》에서 한 바 있습니다. 그에 따르면 우리 헌법에는 사회권이 적극적으로 표현되어 있지 않습니다. 따라서 이제는 헌법을 바꿔야 할 때입니다. 우리가 사회권이 보장된 사회로 가려면 말이죠.

Q 그렇군요. 아직 우리 헌법에는 사회권이 보장되어 있지 않군요. 그러면 사회권이 보장되면 어떤 게 달라지는 건가요?

이재강 사회권이 보장되면 기본적인 인권뿐만 아니라 생활도 국가에서 책임져줍니다. 최소 생활을 할 수 있는 권리를 보장해놓는 것입니다. 법적으로 말하면 '사회권이 보장된 사회'는 기본적인 인간의 권리가 사회적으로, 정치적으로, 경제적으로 보장되도록 하는 사회를 말합니다.

지금 전 세계적으로 제4차 산업혁명과 함께 AI(인공지능)가 일하는 세상이 오고 있습니다. 사회 제도는 시대의 흐름에 따라 변해야 합니다. 노동력이 생산의 주축이었던 시대와 기술이 생산의 주축이 되는 시대는 분명히 다릅니다. 갈수록 노동력이 필요 없는 사회로 변화하고 있는데 그런 사회일수록 '기본사회'가 돼야만 모든 국민이 기본적인 삶을 영위할 수 있기 때문입니다.

그런 의미에서 이재명 대표가 주창해서 국내에서 기본소득 제도가 본격적으로 제기되었지만, 그것이 지금 더 확대되어서 모든 분야에 기본권이 이루어지는 사회 즉 기본사회로의 전환 과정에 있는 거죠. 기본사회위원회는 매월 국회에서 기본사회에 대해 계속 논의를 하고 있습니다. 5월에는 '횡재세'에 대해서 토론회를 열기도 했습니다.

국민에게 최소 생활권을 보장하려면 '재원을 어디서 마련할 것인가?'라는 과제가 쟁점거리가 될 것 같습니다.

Q 문재인 정부 말기에 갑사기 50조 원이 생긴 거 기억하시죠? 이를테면 이런 돈이나 횡재세 같은 것으로 기본사회로 가는 재원을

마련하면 되겠다는 생각도 듭니다?

이재강 50조 원! 그것은 분명히 기재부가 예측을 잘못해서 생겨난 돈입니다. 그런데 그 50조 원은 기본소득을 실천해도 될 만한 규모입니다. 하지만 '그림의 떡'이 되고 말았습니다. 현 정권의 부자 감세를 통해서 60조 원이 없어졌기 때문입니다. 그런 돈 60조 원이 있으면 기본소득을 현실화할 수 있습니다. 일례로 2022년 러시아-우크라이나전쟁 때문에 에너지 위기가 왔을 때 갑자기 에너지 기업들이 돈을 많이 벌게 됩니다. 이때 '일정 부분은 국가와 사회에 환원해야 한다'는 것이 법으로 제정되어 있었다면 이게 바로 '횡재세'가 되는 것입니다.

현재 우리나라는 없지만 많은 국가에서 '탄소세'가 시행되고 있습니다. 그런 나라들은 탄소세로 벌어들인 돈을 기본소득에 투여하고 있습니다. 우리가 불로소득을 없애는 문제와 관련하여, 국토세를 예로 들면 미국은 1.6%인데 우리는 0.5%도 안 됩니다. 우리가 국토세를 1%만 받더라도 기본소득을 시행할 수 있는 재원이 마련됩니다. 지난 대선 때 이재명 후보가 준비한 자료를 보면 국토세를 1% 걷게 될 경우 실제로 국민 중 90% 가까운 인구는 수혜자가 됩니다. 그러니 땅을 가진 사람들이 세금을 조금씩만 더 내더라도 기본소득으로 돌려받는 혜택이 더 크다는 것입니다.

국내서도 이미 지역에 따라 '기본소득' 지급

Q 그게 정말 현실 가능한 얘기인지요?

이재강 실제로 그렇습니다. 현재 신안군에서는 신재생에너지 정책에 따라 태양광을 통해서 발생한 수익을 주민들에게 나눠주고 있습니다. 2023년 상반기 기준 군민의 28%인 1만 524명이 햇빛연금의 혜택을 받고 있습니다. 섬마다 인구수에 따라 수령액의 차이는 있습니다. 인구가 많은 곳은 1인당 40만 원~10만 원 선이며 전체 평균으로 보면 3개월에 60만 원 선입니다. 신안군의 발표 자료에 의하면 2023년 비금도 200MW, 2024년 증도·신의 등 약 400MW 태양광발전소가 추가로 건립될 예정이며 이에 따라 신안군의 65% 주민이 기본소득을 받을 수 있다고 합니다. 공유부를 계속해서 만들어갈 수 있다는 것을 보여주는 좋은 본보기입니다.

예를 들면 독일은 모든 지자체에 토지의 1% 이상씩 매년 태양광을 비롯한 신재생에너지에 사용하라는 법을 만들어 놓았기 때문에 기업이 사용하는 전력 100%를 재생에너지로 충당하겠다는 캠페인 'RE 100(Renewable Electricity 100%)'을 35% 달성했습니다.

이재명 대표도 계속 거론하고 있지만, 현재 신안군이 누리고

신안군에서는 태양광을 통해서 발생한 수익을 주민들에게 나눠주며 공유부형 기본소득의 가능성을 보여주고 있다.

있는 햇빛연금과 같은 사례를 통해 공유부에 대한 개념들을 국민에게 알려야 합니다.

Q 지금 유럽이나 선진국 중에 기본소득이라든가 기본주택, 기본금융과 같은 기본사회 관련 정책들을 시행하는 나라들이 좀 있는 편입니까?

이재강 그렇습니다. 예를 들면 미국에는 보증소득시장단(Mayors for Guaranteed Income)이라는 기구가 있습니다. 일명 '보증소득(기본소득과 동일)'을 실시하고 있거나 실시하려 하는 29개의 도시가 속해 있습니다. 바로 기본소득을 실현하자는 움직임을 보여주는 실례입니다. 그중에 '스톡턴Stockton'이라는 미국 캘리포니아주 중부의 도시가 있는데 그 도시는 페이스북의 공동 창업자 휴즈Chris Hughes와 트위터 최고경영자 도시Jack Dosey 등의 통큰 기부로 한 지역의 최빈민 125가구에 매달 500달러씩 18개월 지급하는 시범사업을 시행한 바 있습니다.

기본소득 시행은 지금 세계 곳곳에서 시도되거나 또 실천되기도 합니다 미래 사회에 대비한 것이기도 한데 우리나라만 하더라도 신안군뿐만 아니라 2022년 진노에서도 '기본소득조례'가 만들어졌고 경기도 연천군의 청산면은 경기도의 '농촌 기본소득 시범사업' 마을로 지정돼 농촌 기본소득을 실천하고 있습니다.

이미 우리도 일부 지역에서는 실천하고 있는데 실제로 인식이 확산되지 않은 것뿐입니다. 국민적인 인식이 확산된다면 그리 어려운 문제가 아닙니다. 경기도에서는 이재명 대표가 경기도지사 시절 만 24세 청년들을 대상으로 '청년 기본소득'을 실천했습니다. 물론 성남시장 재임 당시 시작된 정책이기도 합니다. 분기별 25만 원씩 연 최대 100만 원까지 지역화폐로 지급하고 있습니다. 또 경기도는 청년들이 군대에 입대하면 군인상해보험도 가입시켜줍니다. 아동수당이나 어르신들 기본기초연금 또한 크게 보면 기본소득의 개념입니다.

경기도 평화부지사 재직 시절 기억나는 인상적인 제도가 하나 있습니다. 취학 전 어린이들에게 과일을 공급해주는 제도였습니다. 당시 취학 전 어린이들이 74만 명 정도 되었습니다. 신선한 과일과 친환경 채소를 어린이들에게 매주 1회 이상 공급했는데 엄청난 파장을 일으켰습니다. 이는 단순히 어린이에게 신선한 과일을 공급한 것으로만 볼 게 아니기 때문입니다. 이를 위한 일자리도 창출합니다. 74만 명의 어린이들에게 과일을 공급하려면 농민은 과일을 생산해야 하고, 또 농민으로부터 가져와야 합니다. 여기에 투입되는 인력을 계산하면 아주 큰 일자리 창출인 셈입니다.

지금 중국의 경제 성장 페달이 잘 돌아가는 가장 근본적인 이유가 14억 명이라는 내수시장 때문인 것은 모두가 아는 사실입니다. 우리가 내수시장을 활성화하는 첫걸음은 기본사회와 연관된 많은 정책을 많이 만들고 실행으로 옮기는 것입니다. 실제로 경기도에서는 그것을 실천했고 좋은 성과를 얻었으니 좋은 본보기가 이미 있는 상태입니다. 그래서 지난 대선 과정에서 기본소득이 상당히 쟁점화될 것으로 예상을 했었는데 예상보다는 그렇게 이슈가 되지 않아서 아쉬웠습니다. 그래서인지 이재명 대표가 핵심 공약으로 기본소득을 끝까지 내세우지 못했습니다. 본선에서는 실제로 그 공약을 내세웠지만, 일부 국회의원들이 아직은 우리 정서에 맞지 않는다는 입장을 표명하여 강하게 밀고 나가지 못했습니다. 역시 아쉬운 대목입니다.

Q '기본소득'을 포함하는 '기본사회'라는 이슈는 그 파장이 정말 크지만, 한편으로는 휘발성이 있는 것 같기도 합니다. 그래서 "이거 너무 포퓰리즘 아니냐?"라는 비판에 직면할 수도 있다고 봅니다. 이점에 대해선 어떻게 생각하십니까?

이재강 개인적으로 저는 기본소득 이슈를 계속 몰고 갔으면 이재명 대표가 당선됐을 것이라고 생각합니다. 앞서도 말씀드렸듯이 경기도지사로서 현실에서 일궈낸 큰 성과였거든요. 한마디로

'이재명표 브랜드'입니다. 저로서는 두 눈으로 다 확인한 정책이므로 어떤 정책이 어떻게 추진되어서 어떤 성과를 냈는지에 대해 사례를 발표해야 한다는 생각이 강했습니다. 그런데 그걸 하지 않은 겁니다.

대선은 대한민국의 미래를 결정하는 중요한 상상들이 경합하는 장입니다. 그렇기 때문에 대선 공간에서는 그 상상의 단초들이 무수히 제기되어야 합니다. 지난 20대 대선 초기부터 현실적인 경제 정책들이 다툼의 기조가 될 거라 생각했는데, 막상 선거전이 시작되자 그러한 정책들의 대결은 온데간데없이 사라져버렸습니다. 그래서 선거가 힘들어졌던 것입니다. 제대로 된 정책 대결로 가야 하는 게 선거의 기본 원리입니다. 그리고 이를 통해 우리의 선거문화도 크게 변화하는 전환점이 될 수 있었습니다. 하지만 그런 정책 대결이 사라지고 별 의미도 없는 진영논리만 난무했으니 저를 포함하여 이를 아쉬워하는 국민이 많았던 게 사실입니다.

Q 정책 대결의 실종으로 많은 국민이 실망했다는 점은 저도 공감합니다. 두고두고 아쉬운 대목입니다. 다시 기본사회와 관련하여 좀 더 묻겠습니다. 당연한 질문인지도 모르겠지만 영국은 복지가 잘 갖춰진 국가 아닙니까? 경험해보시니 어떻던가요?

이재강 네, 영국은 일찍부터 복지 시스템이 아주 잘 구축된 나라입니다. 우리가 흔히 '영국병'이라고 부르는 게 있습니다. 복지가 잘 갖춰져 있다 보니 모든 사람이 국가에 의존해서 살려고 한다는 걸 빗대어 부르는 표현입니다. 즉 국가의 복지 정책에 지나치게 의존하여 자신의 삶을 진취적으로 살려고 하지 않는 부작용이 있을 정도로 복지 시스템이 잘 갖춰졌다고 할 수 있지요. 하지만 이런 영국병은 우리 국민이 잘못된 이해한 것입니다.

제가 영국에서 '이것이 복지다'라고 실감한 것은 무엇보다 장애인에 대한 배려, 다자녀 가정에 대한 배려였습니다. 특히 한부모 가족은 복지 배려의 대상으로 최우선에 두고 있었습니다. 개인적으로 이것은 조금 논쟁의 여지가 좀 있다고 봅니다. 우리나라처럼 이혼이나 어떤 사유로 한부모 가족(single parent family)이 되는 경우보다는 젊은 여성들이 의도적으로 일찍 아기를 가지려는 경향이 있는 게 사실입니다. 아이를 가지면 국가에서 주택을 제공하고 생활비를 지급하니까요. 물론 다는 아니지만, 일부는 이런 혜택을 누리려고 하는 면이 없지 않더군요.

또 한편으로는 제가 수입이 적었을 때도 영국에서 큰 걱정 없이 살 수 있었습니다. 바로 NHS(National Health Service)라 불리는 영국 의료보험 제도 덕이었습니다. 무상의료를 원칙으로 하는 만큼 이민자나 유학생에게도 혜택이 적용됩니다. 서민들이 생활하기에는 너무 좋은 나라인 거죠. 저희 가정도 20년 동안 그곳에 살면서 병원비 걱정은 한 번도 안 했습니다. 특히 우리 딸을 키우면서 '의료복지'라는 것이 어떤 것인지 실감했어요.

Q 그런 면에서는 영국은 미국과는 상당히 다른 시스템을 지닌 나라인 것 같습니다.

이재강 확연히 다르죠. 세계에서 유일하게 '의료천국'으로 불리는 쿠바보다도 더 철저하게 의료보험 제도가 잘 갖춰지고 실천되는 나라가 영국입니다. 1946년 11월 영국 노동당 정부 하에서 NHS법이 국회를 통과했고 1948년 7월 5일 제도가 시행되었어요. 모든 국민(universal)에게 포괄적(comprehensive) 서비스를 무료(free)로 제공하는 의료 체계가 도입된 거죠. 이른바 '영국병'을 지적하며 복지 정책 축소에 나섰던 마거릿 대처조차도 NHS만은 건드리지 못했어요. 최근에 보리스 존슨 내각도 NHS를 축소하려고 시도했지만 코로나19 팬데믹 이후 도리어 예산을 증액했습니다. 국민에게 익숙해져 있고 국가적으로 국민 보건상 효능감도 있으니까 NHS를 축소하거나 대체하기가 불가능한 거겠죠. 영국의 자존심이 바로 NHS입니다. 지금도 사회주의 국가보다 더 강력한 NHS가 실현되는 나라가 바로 영국입니다.

공정사회로 가는 공동체를 위한 정치

Q 한국의 정치 일선에서 10여 년이 넘도록 활동해오셨습니다. 총선에도 세 차례나 출마했고, 수차례의 대선에서도 역할을 해오셨습니다. 특히 최근에는 경기도 평화부지사로도 일하셨는데, 이쯤에서 한번 분명히 여쭙고 싶습니다. 국회의원이 되고자 하는 궁극적 이유가 무엇입니까?

이재강 다년간 정치학을 공부한 사람으로서 '정치'는 소위 미국 사람들이 말하는 것처럼 '갈등을 해결하는 것'이라는 정의에 동의하지 않습니다. 전적으로 틀린 말은 아니지만, 정치는 그보다 적극적인 역할을 하는 일입니다. 제가 생각하는 정치는 '공동체를 어떻게 만들 것인가?' 또 '공정한 사회를 어떻게 만들 것인가?'라는 물음에 답하는 것입니다. 정치가 해야 할 일은 공동체를 만들어가는 것입니다. 다시 말해 공동사회 즉 '대동세상'을 어떻게 만들어갈 것인가 고민하고 실천하는 일이라고 정의할 수 있겠습니다. 첫발을 내디딜 때부터 그런 생각을 가지고 정치를 했고 지금도 저는 '공정한 사회 공동체를 우리가 어떻게 만들어갈 것인가?'라는 물음을 내려놓지 않은 채 정치 활동을 하고 있다고 자부합니다.

'공정한 사회 공동체를 우리가 어떻게 만들어갈 것인가?'라는 물음에 답하는 것이 정치의 본령이다.

2012년 총선부터 제가 출마했던 부산 서구는 피난민들이 많이 사는 가난한 동네였습니다. 제가 여기서 이분들을 좀 더 잘살 수 있도록 공동체를 형성해서 함께 사는 사회를 만들어갔으면 좋겠다는 열망으로 계속 출마하고 봉사도 했습니다. 하지만 국회의원으로 당선되어 실질적으로 제가 생각하는 정치를 할 기회를 얻지 못했기에 절망의 시간도 견뎌야 했습니다. 그렇게 힘든 시간도 있었지만, 다행히 경기도 평화부지사로서 일하면서 저의 꿈을 더 키우게 되었습니다. 특히 이재명 전 경기도지사와 함께 행정을 하면서 제가 꾸던 그 꿈을 실행으로 옮기겠다는 의지를 더 굳히게 됐습니다.

Q 여러 차례 선거에서 패하셨는데, '내가 왜 정치를 했을까?'라는 식으로 정치에 뛰어든 걸 후회한 적은 없습니까?

이재강 부끄럽지만, 단 한 번도 후회한 적 없습니다. 정치에 뛰어들어 아내를 많이 힘들게 하고 집안 사람들과 지인들에게 미안하긴 했지만, 저는 단 한 번도 후회한 적이 없습니다.

Q 영국에서 오랫동안 국제정치를 공부했고 또 강의도 하면서 영국 정치의 특징도 유심히 살펴봤을 텐데요. 여야 가리지 않고

지금 대한민국의 정치의 문제점, 개선해야 할 점은 무엇이고 어떤 변화가 필요할까요?

이재강 영국에는 대표적으로 보수당, 노동당이 있죠. 보수당이나 노동당을 지지하는 국민은 선거 때마다 설령 지지하는 정당의 정책이 마음에 안 들어도 절대 반대당으로 안 갑니다. 그런데 흔들리는 표, 일명 '스윙 보트swing vote'라고 하거든요. 흔들릴 때 가운데 제3당이 존재하는 겁니다. 우리는 제3당이 없습니다. 물론 그 제3당은 한 번도 집권한 적이 없습니다. 노동당과 보수당이 번갈아 하면서 집권하는데 제3당으로 얼마나 빠져나가느냐에 따라서 캐스팅 보트가 된 적이 있는 정도이긴 합니다. 그런데 실제 영국의 정치사를 살펴보면 재미있는 사실을 알 수 있습니다. 영국은 전통적으로 토리당(보수당)과 휘그당(자유당)의 양강 대결이었습니다. 그러다 제2차 세계대전 이후 보수당과 노동당의 대결로 바뀌면서 휘그당이 사라집니다. 그러다 뒤늦게 휘그당이 '자유민주당'이라는 이름으로 복원된 겁니다. 그래서 그 휘그당이 토리당인 보수당(Conservative Party)과 노동당(Labour Party) 사이에서 제3당의 역할을 하고 있습니다. 바로 이 제3당의 역할이 필요합니다.

이와 함께 영국에서 정치학을 공부하면서, 또 그들의 정치를 들여다보면서 가장 눈에 들어온 것은 풀뿌리 민주주의(grassroots democracy)였습니다. 역사적으로도 그렇고 현실적으로도 그들은 풀뿌리 민주주의를 실천하는 것이 모토가 되어 있습니다. 그것은 바로 정당의 리더인 당수가 모든 것을 결정하는 게 아니라 당원이 모든 것을 결정하고 당원이 주인이 된다는 의미입니다. 앞에서도 말했는데 후보를 정하는 것 역시 지역구 당원대회에서 결정합니다. 그래서 우리처럼 조직강화특별위원회가 필요 없는 나라죠. 우리나라의 더불어민주당이나 국민의힘도 당원 중심의 정당으로 가야 한다고 봅니다. 하지만 아직까지는 단 한 번도 그렇게 된 적이 없습니다. 아쉬운 대목입니다.

우리 더불어민주당이 지금 혁신을 한다면 그것은 매우 간단합니다. 당원이 주인이 되게 하여 모든 결정을 당원이 할 수 있게 해준다면 민주주의는 저절로 형성됩니다. 더불어민주당의 당원이 현재 250만 명이나 됩니다. 권리당원만 해도 120만 명 정도 됩니다. 세계에서 이렇게 큰 정당이 없습니다. 그야말로 대중정당인 셈입니다. 당원의 규모가 이 정도라면 당원 중심의 정당이 되더라도 국민의 정서와 크게 동떨어지지 않을 것이기 때문에 문제될 게 없다고 봅니다. 당원을 믿고 당원 중심의 정당으로 갈 조건들이 지금 갖추어진 셈입니다.

2016년도 6월 지방선거 당시 부산 지역에서 제가 구의원 공천 책임자 역할을 했습니다. 당원들의 눈높이 즉 시민들의 눈높이가 후보를 결정하는 기준이 되어야 한다는 입장에서 공천을 진행했습니다. 당시 우리 당의 부산시 구의원이 36명밖에 없었습니다. 제가 공천을 하면서 102명으로 만들었습니다.

그때 직접 실행해봤기 때문에 당원 중심의 정당이 돼야 한다는 것에 대한 소신이 더 강해졌죠. 예를 들면 10년 전만 하더라도 더불어민주당 당원 규모가 20만~30만 명 정도밖에 안 됐었죠. 당시에는 당원 중심의 정당을 거론했을 때 "20만 명, 30만 명이면 너무 적은 거 아니냐? 당원이 아닌 민주당 지지자들의 의견도 많이 들어야 한다."라는 주장이 꽤 있었거든요. 지금은 그때와 비교하면 당원의 규모가 10배 이상 불어난 겁니다. 그러니 "이제는 당원 중심의 정당 구조로 환골탈태할 기회다."라고 주장하는 당원들이나 전문가들도 많아진 거죠.

현장에서 당원과 국민 만나는 현실 정치 아쉬워

Q 2016년도 총선 당시 비례대표 뽑을 때 '직능 대표'니 하는 식의 추천이 아니고 중앙위원회에서 투표를 한 적이 있습니다. 기억하십니까?

이재강 당연히 기억하죠. 그런 비례가 어디 있습니까? 예를 들면 아직까지도 우리 당은 지역위원장이나 국회의원 또는 일부 공무원들을 중심으로 한 중앙위원회가 있는데 이거 '옥상옥屋上屋'입니다. 당원들의 마음과 괴리되어 있는 조직입니다.

현 국회의원들이 너무 여의도에 갇혀 있다는 느낌도 듭니다. 그리고 그들은 너무 기득권화돼 있다고 할 수 있겠지요. 현장으로 들어가서 당원도 만나고 국민도 만나는 현실 정치를 해야 하는데 자기들끼리 성을 쌓아 놓고 그 안에서만 의사결정을 하는 구조는 잘못된 겁니다. 이런 기득권 구조를 혁파하지 않고서 어떻게 민주주의가 되겠습니까. 제 마음을 솔직히 밝히건대 기득권 구조가 고착화된 현실에서 '대의원 제도'나 '중앙위원회' 같은 제도는 사라져야 한다고 봅니다. 그것이 어렵다면 대의원 제도나 중앙위원회 역할을 축소하고 가령 다른 성격을 부여해서 당의 의사결정 기구가 아닌 전문적인 자문 역할을 할 수 있도록 바꿔야 한다고 생각합니다.

과거 고 노무현 전 대통령께서 말씀하신 표현 중 가장 인상적인 말로 "국민이 대통령이다."가 있는데 이제 우리는 "당원이 대통령이다."라고 말할 수 있어야 합니다. 당원이 당 대표로서 결정하는 것이 우리가 진정한 민주주의로 가는 길입니다.

영국은 6선, 7선 국회의원들이 많습니다. 당원들의 지지를 받은 사람으로서 정치를 제대로 하니까 계속 정치를 할 수 있는 겁니다. 만일 그들이 정치를 제대로 못 해 뭔가 문제가 생기면 바로 바뀝니다. 리더들이 당원의 지지를 받지 못할 때는 뒤돌아보지도 않고 곧장 떠납니다. 컴백하는 사람이 없습니다. 다시는 정치 안 합니다. 그런 모습을 지켜보면서 '참 멋있다'고 생각했습니다. 그들은 정치판을 떠나서 각자 자기 역할을 합니다. 하지만 우리는 특히 올드보이들이 그렇게 하지 않거든요. 마치 생계형 정치인들이 된 듯 말입니다.

Q 저는 정치 컨설팅을 하고 있는데 "정당이나 후보는 상품이다. 매력적이어야 팔릴 수 있는 거다."라고 강조하거든요. 이런 제 생각에 공감하십니까?

이재강 당연하죠. 그것이 기본 아닙니까? 제가 유년 시절에도 선거문화를 많이 접했고 정치에 뛰어든 후로는 선거 책임자도 해보고 직접 출마하여 낙선의 고배도 마셔봤습니다. 정치는 인물의 됨됨이가 기본입니다. 국민을 속이고 자신을 미화해서는 정치를 제대로 할 수 있다고 보지 않습니다. 이제 과거의 이미지 정치는 수명이 다 끝난 것 같습니다. 시대가 달라졌습니다. 과거에 무슨 발언을 했는지 다 기록에 남아서 국민이 인터넷 찾아보면 다 나오거든요. 어떤 발언을 했는지 관련 영상도 남아 있기 때문에 정치인이 태도를 바꿨다거나 거짓말을 한다든가 하는 이런 게 한눈에 다 드러납니다.

Q 네. IT 혁신이 일어나기 전에는 이미지 정치가 잘 통했거든요. 잘 포장해서 그것으로 정치하는 사람들이 있었죠. 이제는 잘 안 통합니다. 진정성 있고 진실된 정치를 하지 않으면 안 되는 시대인 거죠.

이재강 그래서 우리가 "초심을 잃지 말아야 한다."는 말을 많이 하지 않습니까. 저는 아직 한 번도 당선된 적이 없기 때문에 초심이 그대로 남아 있습니다. 하하.

가슴으로 행동하는 정치인

Q 더불어민주당 당원들을 만나보면 "민주당 의원들은 왜 유석열 정권의 실정이나 검찰의 문제 이런 것에 대해 적극적으로 싸우지 않느냐? 야당의 기본은 정권의 실정에 대해서 맞서 싸우는 데 있는 거 아니냐?" 이런 비판의 소리를 쏟아냅니다. 그리고 내부에

서 쓴소리하거나 내부 총질하는 의원일수록 정작 정권과 맞서 싸우는 모습을 본 적이 없다는 말도 나옵니다. 이에 대해서 어떻게 생각하시는지요?

이재강 정당의 목적이 권력을 쟁취하는 것이지만 실제로 그 권력을 쟁취하는 과정에서 매일 그러한 투쟁들이 진행돼야 한다고 봅니다. 머리와 가슴에는 많은 생각을 품고 정치에 임하더라도 현실 정치를 할 때는 그것을 단순화시켜 실행으로 옮겨야 합니다. 복잡하게 생각하니까 '이 말을 하면 어떨까?' 또는 '이렇게 행동하면 어떨까?' 하고 고민을 먼저 하니까 실행으로 연결되지 않는 겁니다.

"머리로만 정치하면 안 된다. 정말로 가슴이 시키는 대로 하라."는 말이 있는데 가슴이 뜨거운 정치인이 많지 않습니다. 저는 늘 내 가슴이 시키는 대로 움직인다는 것을 내세웠고, 칼럼을 통해서도 충분히 밝혔습니다. 정치인의 가장 중요한 덕목은 가슴으로 느끼고 행동하는 '진정성'이라고 생각합니다.

지금 야당 정치인 가운데 적지 않은 이들이 당원들의 생각을 너무 모릅니다. 말씀하신 것처럼 당원들은 싸워주기를 바랍니다. 하지만 당원들의 그런 마음을 알면서도 외면하는 것은 아닐까 하는 생각마저 들 정도입니다. 요즘은 누구든지 앞에 나서면 검찰

| 정치인의 가장 중요한 덕목은 가슴으로 느끼고 행동하는 '진정성'이다.

의 표적이 될 수도 있는 그런 시대이다 보니 몸을 사리는 정치인도 얼마든지 있을 수 있다고 봅니다.

그간 우리 정치사를 되돌아보면 몸을 사리지 않는 야당 정치인이 적지 않았습니다. 노무현 전 대통령이 대표적인 인물 아닙니까? 그런 정치인이 좀 그립습니다. 그게 야성이라면 야성이고, 정치인의 전투력이라면 전투력입니다. 제가 정치를 오래 한 것은 아니지만 영국에 있으면서 노무현 전 대통령 서거를 알았을 때 곧장 분향소를 차리고 또 칼럼을 통해 과거 이명박 정부에 대한 비판의 목소리를 내는 정치적 행동에 적극 나섰습니다. 한국에 와서도 제가 나서야 할 일에는 가슴이 시키는 대로 적극적으로 나섰다고 생각합니다. 그래서 저를 두고 '야전사령관'이라고 말하는 분들도 있는데 정말로 나 한 사람만이라도 야전사령관이 돼야 한다는 신념이 있습니다.

Q 이재강 소장님을 보면 고 노무현 전 대통령과 이재명 당 대표 두 분이 가진 특징 즉 정치인으로서의 장점들이 느껴지기도 합니다. 주변에서 그런 이야기를 좀 듣는지요?

이재강 맞습니다. 그런 이야기를 좀 듣긴 합니다. 특히 고 노무현 전 대통령과 닮은 구석이 많다는 이야기를 많이 듣죠. 제가 말을 좀 거칠게 하거나 어떤 결정적인 순간에 앞뒤 재지 않고 할 말 다 하는 그런 면이 있습니다. 이재명 대표와 함께 일을 해서 그런지 모르지만, 이 대표와도 많이 닮았다는 이야기도 듣는 편입니다.

Q 정치권에서는 '이재명의 사람'이라고 불리는데 이게 본인에게는 도움이 됩니까? 아니면 오히려 불리한 요소로 작용하고 있습니까?

이재강 그런 유불리를 따져본 적은 없습니다. 저는 이재명 대표의 정치적인 행보와 또 미래에 만들어 갈 세상에 대해서 100% 동의하는 사람이기 때문에, 어쩌다 "이재명 팔지 마라."는 얘기도 듣지만, 저는 진심으로 이 대표를 판 적도 없고 또 이재명 대표 이름 석 자 팔아서 덕 볼 생각은 추호도 없습니다. 다만 이재명 대표가 옳고 그분이 정치적으로 성공하면 우리 대한민국이 참 괜찮은 나라가 될 거라고 믿기 때문에 개인적으로 '이재명'이라는 정치인을 아주 자랑스럽게 생각하는 사람 중 한 명이라고 생각합니다.

Q 최근 더불어민주당 '혁신행동준비모임'에서 "내의원제를 폐지해야 한다."는 주장도 나왔습니다. 더불어민주당 혁신 관련해서 목소리를 적극적으로 내실 의향이 있으신가요?

이재강 지금 그런 혁신의 목소리가 나온 것은 시기적으로 매우 적절하다고 봅니다. 그것이 민주당의 현재 난국을 헤쳐나갈 혁신의 길이고 개혁입니다. 대의원 제도와 중앙위원회를 완전히 없애는 것은 힘들겠지만 권한을 축소시키는 것은 필요하고 가능합니다.

당원총회를 지역위원회별로 열고 이를 통해서 혁신을 추구해야 합니다. 이를테면 공천 제도도 현역과 신인이 동등한 출발선에서 뛸 수 있는 공정한 제도가 필요한데 이런 것도 당원이 결정하면 됩니다. 당원들에게 자신의 능력과 계획 그리고 실행 의지를 밝히고 당원들의 선택을 받으면 그 사람이 후보가 되는 겁니다. 당원들이 결정한 사항이 위로 그대로 올라가서 영향력을 갖는 이를테면 '상향식 의사 전달 프로세스'로 가면 됩니다.

앞에서도 제가 영국에서 민주주의가 가능한 이유가 바로 그런 '풀뿌리 민주주의의 힘'이라고 말했거든요. 중앙당의 위상이라든가 역할은 줄이고 지구당의 역량을 부활시키자는 그런 움직임이 있습니다. 그게 현실화되면 지역위원회에서의 결정 사항이 가장 중요한 결정 사항이 됩니다. 이게 바로 민주주의 아닐까요?

5장

의정부를 한반도 평화 수도로!

❝

제2대 경기도 평화부지사였던 이재강은 '의정부을' 지역구에 출사표를 던진다. 그는 의정부가 과거 한반도의 중심으로 물류의 중심지이자 경제의 중심지였다는 전제하에 다가오는 미래에는 의정부의 지리적 장점, 즉 물류 중심지로서의 역할을 복원할 필요가 있다고 말한다. 경원선을 개통시키면 모든 물류는 의정부를 통해서 유럽으로 가게 된다는 것이다.

북한과의 갈등이나 문제를 풀기 위해서는 먼저 의정부시가 한반도 평화의 수도가 돼야 하는데, 자신이야말로 그 역할을 가장 잘할 수 있는 사람이라고 자신한다.

그는 평화의 전도사로서 의정부에서 활동을 제대로 하면 의정부의 미래도 열리지만, 대한민국의 미래를 이끌어갈 한반도 평화도 정착시킬 수 있다는 자신감에 차 있다. 남북경협을 활성화시키고 유럽으로 나가는 물류의 길을 터놓겠다고 한다.

❞

의정부, 한반도 경제와 평화의 중심지

Q 부산에서 계속 정치 활동하다가 경기도로 올라와 평화부지사를 역임했고, 지금 의정부에서 출마할 준비를 마치신 것 같습니다. 굳이 의정부를 선택한 이유가 있으신지요?

이재강 평화부지사 시절에 집무실이 의정부에 있어서 의정부를 거의 매일 오가면서 자연스럽게 의정부에 관심을 두게 됐습니다. 의정부가 지닌 지역적 특성이 있습니다. 8개의 미군 기지가 70년 동안 있었던 곳입니다. 그러다 보니 의정부 시민의 역사나 의정부만의 정체성이 딱히 없는 것 같았습니다.

과거 일제강점기 때, 그리고 한국전쟁 발발 이전만 해도 경원선이 있었기 때문에 의정부가 물류의 중심지이자 경제의 중심지였습니다. 한마디로 의정부는 한반도의 중심이었습니다. 이런 의정부의 지리적 장점, 즉 물류 중심지로서의 의정부를 복원할 필요가 있다는 생각을 했습니다. 경원선을 개통하면 모든 물류가 의정부를 통해서 유럽까지 가게 됩니다.

또한, 북한과의 갈등이나 문제를 풀기 위해서는 먼저 의정부시가 한반도 평화의 수도가 돼야 합니다. 그것이 제가 의정부에서 할 일이고, 또 그 일을 가장 잘할 수 있는 사람이라는 결론을 얻었습니다. 그래서 지금 제가 의정부평화연구소를 만들어서 계속 활동할 계획도 가지고 있습니다.

의정부는 문희상 전 국회의장이 6선을 한 곳이고 현재 국회의원 2명이 더불어민주당 소속입니다. 다만 평화 수도를 만들려면 좀 더 큰 비전을 가진 정치인이 필요하다고 생각합니다. 의정부시에만 국한되지 않고 더 넓은 시야에서 대한민국의 미래를 만들어갈 그런 정치인이 필요하다는 거죠. 제가 그런 큰 정치를 의정부에서 했으면 좋겠다는 결심을 한 것입니다. 또 그런 역할을 감당할 준비가 돼 있다고 자신합니다.

Q 국제정치, 남북관계, 한반도 평화 문제 등에 대해서 오랫동안 관심을 기울이려고 노력해오지 않았습니까? 그러니 본인이야말로 의정부의 미래, 한반도의 평화를 이끄는 데 딱 맞는 전문가라는 말씀인가요?

이재강 언젠가 박시영 대표님이 저에게 “본인을 한마디로 누구라고 생각하느냐?"라고 물었을 때 제가 "저는 평화의 전도사다."라고 말했던 기억이 납니다. 제가 평화의 전도사로서 의정부에서 활동을 제대로 하면 의정부의 미래도 열리지만, 대한민국의 미래를 이끌어갈 한반도 평화도 정착시킬 수 있다는 자신감이 있습니다. 특히 남북경협을 활성화하고 유럽으로 나가는 물류의 길을 터놓겠다고 하는데 남과 북 어느 쪽이든 반대할 사람이 없지 않습니까. 물론 다음 정부에 어떤 정권이 들어서느냐 하는 과제가 남았습니다. 더불어민주당이 정권을 되찾고 10년, 20년 연속 집권을 하다 보면 제가 밝힌 마스터플랜을 실현할 길은 열릴 가능성이 매우 큽니다.

이런 저의 자신감은 그간 제가 공부해온 주제나 해왔던 일에서 비롯합니다. 애초에 부산에서 정치 활동을 하면서 도시재생특별위원회 위원장도 했었고 원도심재생추진단장도 맡았습니다. 문재인 정부 시절 2018년 3월부터 2019년 12월까지 주택도시보증공사 HUG 상근감사위원으로 활동하면서 건설 분야와 금융 분야에서 중추적인 역할을 하기도 했습니다. 도시재생뿐만 아니라 시민사회가 어떻게 해서 민주주의를 만들어가는지에 대해서 오랫동안 공부를 했습니다. 의정부에서 큰 그림을 그려서 의정부가 대한민국에서 경제적으로뿐만 아니라 정치적으로 큰 위상을 차지할 수 있는 그런 위치에 서도록 만들겠다는 각오입니다.

| 의정부시가 한반도의 평화 수도가 돼야 한다. 그것이 이재강이 의정부에서 할 일이다.

현재 경기 북부가 경기 남부에 비하면 경제적 입지도 약하고 군사적인 제재도 많습니다. 그러다 보니 과거 경기 북부는 의정부가 중심이었는데 언제부터인가 그 위상이 흔들리고 있습니다. 파주시가 활성화되고 양주시도 커지고 있어서 의정부의 위상이 점점 약화되는 느낌을 감출 수 없는 게 현실입니다. 과거에는 포천, 양주, 동두천 주민들은 의정부를 생활의 중심권으로 삼았습니다. 그런데 이제는 그렇지 않습니다. 의정부에 거주하는 어르신들을 만나면 "예전에는 중고등학생들도 의정부로 다 몰렸는데 이젠 아니다."라고 말씀하십니다. 시민들 모두가 다시 도시의 활기를 되찾아야 한다는 데 공감하고 있습니다. 오랫동안 군사적인 이유로 희생당했던 의정부 시민에게 커다란 보상을 해줌으로써 의정부 시민의 자존감과 정체성을 제고시키는 것이 가장 중요하고 필요한 일이라고 생각합니다.

Q 지난 총선에서 낙선하신 후 경기도 평화부지사를 지내시면서 함께 일하는 직원들에게 어떤 얘기를 제일 많이 했습니까? 업무와 관련해서요?

이재강 저는 항상 똑같은 말을 합니다. "너만의 너가 아니다."라고요. 항상 남을 생각하는 그런 마음으로 일하자는 생각이었고,

직원들에게도 그런 마인드를 심어주고자 '다 함께'라는 메시지가 담긴 말을 늘 했었습니다. 그래서 저는 직원들에게 책을 주면서 "이거 꼭 읽어 봐라."라고 하고 "이것 좀 함께 고민하고 함께 추진해보자."라는 식으로 일했습니다. 푯대를 향해 함께 나아갈 때 동역자들과 공동체를 제일 먼저 만들게 됩니다. 그렇게 만들어진 우리의 공동체가 좋은 곳이 아니라면 우리가 향해가는 목표나 세상이 좋을 수가 있겠습니까. 함께 비슷한 생각과 시각으로 좋은 일을 하려면 설득하고 공감을 얻어야 합니다. 말로 하면 설교가 될 수도 있으니까 시집이나 특정 서적들을 사서 읽도록 권하는 일이 다반사였습니다. 이때 주로 신동엽 시인의 대서사시 《금강》을 권하였습니다.

이 시집은 오랜 시간 저의 교본이었습니다. 우리의 역사와 미래에 대한 상상력을 가장 잘 가져다주는 감동의 시들이 담겨 있습니다.

'의정부을' 출마 준비 중

Q 출마하고자 하는 지역이 의정부 '갑' '을' 중 어디입니까?

이재강 민락 1지구, 2지구 그리고 신곡지구 등이 의정부의 신도시 권역입니다. 선거구로는 '의정부을' 지역이죠. 신도시는 아파트들이 많이 들어서서 젊은 층이 많이 거주합니다. 특성상 본래 의정부 출신들이 아니고 다른 지역에서 온 시민들이 많은 편이죠. 젊은 세대들이 주요 거주민들입니다. 전체 주민의 거의 50% 정도가 새로 유입된 분들입니다. 제가 선택한 곳은 바로 이곳입니다.

Q 지역 조기축구회를 매일 나간다는 얘기를 들었습니다. 60대인데도 체력은 충분하십니까?

이재강 일주일에 한 번 하는 줄 알고 조기축구회에 입회했는데 제가 나가는 SUN FC는 주 5일 (일요일과 월요일 제외) 매일 축구를 합니다. 비가 오나 눈이 오나 바람이 부나 매일 합니다. 아침 6시에 가서 한 시간 반 동안 쉬지 않고 계속 뛥니다. 오늘도 갔다 왔습니다. 조기축구 회원들 멤버십이 상당히 좋습니다. 지역에서 열심히 생활하는 훌륭하신 분들이 많이 계셔서 저는 행복합니다.

어떤 일이든 결과도 중요하지만, 그 일을 어떤 자세로 임하느냐도 중요합니다. 초기에 회원들이 저를 보기에는 "한 번 나오고 말겠지."라고 했는데 하루도 안 빼고 가서 공을 차니까 "혹시 뭐 하시는 분인가요?"라고 물어보더군요. 사실 대답하기 곤란한 적이

조기축구회에 가입하여 비가 오나 눈이 오나 바람이 부나 주 5일 뛰고 있다.

여러 번 있었습니다. 그런데 지금은 친분도 생기고 제가 누구인지 소문이 좀 나 있습니다. 이제는 조기축구 안 하면 안 될 정도가 됐습니다.

Q 요즘 젊은 층 사이에서 또 여성들 사이에서 풋살 인기가 꽤 커졌어요. TV 예능 프로그램도 있고요. 혹시 의정부에서 풋살 모임을 만들 생각은 없으신지요?

이재강 젊은 사람들과 가까이서 소통하고 싶었는데 조기축구회 나가면서 희망 사항이 자연스럽게 이어졌습니다. 젊은 사람들이 제법 나오고 여성분들도 있습니다. 한두 명은 자주 나오는데, 공을 아주 잘 찹니다. 그래서 풋살팀을 굳이 만들어야 할까 고민을 하고 있습니다.

Q 의정부 시민들, 특히 선거구 지역 주민들을 많이 만나시고 계실 텐데 특별히 기억나는 분이 있나요?

이재강 제가 송산동에 사는데 동네 구두수선소에 구두를 고치러 간 적이 있습니다. 거기서 고향 사람을 만났습니다. 구두를 수선하시는 분이 제 말투를 듣고 부산 사람이냐고 하길래 "경기도에

온 지 제법 되어서 경기도 말을 쓰는데요."라고 농담을 건넸습니다. 그분이 초등학교는 부산에서 다녔지만, 경기도에서 40년을 살았다면서 정치 이야기를 하더군요.

그간 시의원, 도의원, 국회의원 선거를 여러 번 해봤는데 이제는 좀 더 대한민국을 위해서 큰일 하는 그런 정치인이 나왔으면 좋겠다고 했습니다. 그러면서 저에게 의정부로 잘 왔다고 덕담을 하셨어요. 그게 인연이 돼서 요즘은 고칠 신발도 없는데 자주 가서 만나고 대화도 나누는 사이가 됐습니다. 정서나 문화적으로 그분이 아는 친구들과 제 친구들의 공통된 점도 많아서 더 자주 보게 됩니다.

그리고 민락지구 아파트 타운에 살게 되면서 깜짝 놀란 게 있는데 정말로 젊은 사람들이 많습니다. 부산 지역구에 있을 때는 나이 드신 분들만 만났는데 여기는 젊은 사람들이 많아요. 그리고 또 하나 다른 게 있습니다. 부산 지역구에서는 '빨갱이'라는 소리를 많이 들었는데 의정부 사람들은 그런 말을 사용하지 않더군요.

영남권에서는 아직도 민주당 사람을 보고 '빨갱이'라고 하시는 분들이 많습니다. 하지만 수도권에서는 그렇게 얘기하면 이상한 사람으로 찍히더라고요. 수도권 전체의 보편적인 인식이 그런 용어를 기피하니까요. 의정부 시민의 의식이 다르다는 것을 알게 되면서 좀 더 많은 분을 만나고, 좀 더 많은 이야기를 나눠야겠다는 생각이 듭니다.

대형병원 비롯한 생활 인프라 구축 절실

Q 신도시이니만큼 주부들도 많을 텐데요. 30~40대 젊은 층 주부들 만났을 때 자주 듣는 얘기가 있습니까?

이재강 민락지구나 신곡지구가 들어선 지 불과 몇 년 되지 않은 만큼 아직은 생활 인프라 구축이 덜 돼 있는 것 같습니다. 그래서 병원과 학교를 비롯해 그 외의 편의시설들이 많이 갖춰지지 않은 것에 대한 불만을 표하는 분들이 많더군요. 이런 문제는 시급히 해결해야 한다고 생각합니다. 물론 국회의원이 할 수 있는 일인지 아닌지에 대해서는 심사숙고하면서 자치단체장과 함께 손을 잡고 풀어나가야 하겠지요.

Q 2030 청년들에게서는 어떤 얘기를 많이 듣는지 궁금합니다.

이재강 청년들은 일단 자신들의 이야기를 많이 합니다. 자신들의

'좋은 사람들과 함께 좋은 세상을 만들어간다'는 초심을 유지하면서 시민들에게 봉사하고 또 보살피는 모습을 보여주려 한다.

이익과 직결되는 것들에 대해서요. 이를테면 가상화폐 이야기도 많이 합니다. 실제로 많이들 투자하고 있는 것 같더군요. 그래서 정치하는 사람은 공부를 참 많이 해야겠구나 하는 걸 제일 먼저 느꼈습니다. 또 다른 지역에 비해서 젊은 세대들이 많아서 그들과 어떻게 호흡하고 또 미래를 어떻게 만들어갈 것인가에 대한 비전을 찾아볼 수 있는 것 같아서 서로 희망이 생긴다고 할까요.

대체로 의정부 시민들은 크게는 좀 큰 정치를 해달라는 얘기를 가장 많이 하는 것 같습니다. 당면 과제로는 신도시 인프라가 취약하다는 것을 거론하죠. 교육이라든가 앞에서 말한 병원 같은 생활 인프라에 대한 요구도 꽤 많고요.

병원을 예로 들면 현재 가톨릭대학교 의정부 성모병원과 의정부 을지대 병원 두 곳이 대표적인 대형 종합병원입니다. 2년 전 을지대 병원이 문을 열기 전까지만 해도 성모병원 한 곳으로 환자들이 집중됐습니다. 게다가 연천이나 동두천 지역민들은 아프면 전부 의정부로 몰려옵니다. 그 지역 주민들은 오다가 힘들어서 돌아가는 경우도 많았다고 하더군요. 그래서 동두천 시민 사이에서는 지금 "의료원을 만들어 달라."는 주문이 많다고 들었습니다.

이처럼 인근 각 지역에서 의정부로 오는 분들이 많지만, 의정부 시민을 위해서도 대형 종합병원을 확충하고 더 발전시켜야 합니다. 행정부가 할 일이기도 하지만 정치가 해결해야 할 문제이기도 합니다.

Q 그래서 소통이 더 잘되시겠네요.? 의정부에서 총선 준비를 하고 있다고 말하면 어떤 반응들을 보입니까? 잘 오셨다고 환영합니까?

이재강 요즘은 어딜 가든 "잘 왔다."라는 이야기를 더 많이 듣습니다. 아직 더 많은 시민을 만나야 하겠지만 지금은 일단 환영하는 분위기죠. 일부 정치권에 있는 인사들이 "이재강 부지사는 다음 총선에 이미 안정권."이라고 얘기하는 걸 들었는데 말이 안 되는 얘기입니다. '설치지도 말며 떠벌리지도 말며 의정부 시민의 목소리에 귀 기울이고 더 많은 시민을 만나며 제대로 밭갈이를 해야지.'하는 생각뿐입니다. 오랫동안 정치하면서 견지해왔던 '좋은 사람들과 함께 좋은 세상을 만들어간다'는 초심을 유지하면서 시민들에게 봉사하고 또 보살피는 모습을 전 시민들에게 보여주려 합니다.

Q 의정부 연고자들을 소개해주는 분들도 많이 계실 것 같고 또 이재명 대표를 지지하는 유권자들의 관심과 응원도 많을 것 같습니다.

이재강 네, 많은 분이 찾아오기도 하고 지인도 소개해주셔서 출마 준비를 하는 데 큰 힘이 되고 있습니다. "이재명 선거라는 각오로 임해달라."고 말씀하시는 분도 많습니다. 경기 북부 지역에서는 특히 이재명 대표를 지지하는 분들이 총결집하고 있습니다. 이분들은 이재명 대표에 대한 애틋함도 있지만 제가 경기도 평화부지사로 일했고 그간 장기간 정치 공부를 하고 정치에 참여한 경험이 있기 때문에 나름 준비가 돼 있는 정치인이라고 인정을 해주는 편입니다.

제가 의정부에서 당선이 되어 국회에 입성하는 길이 곧 이재명이 이기는 길에 도움이 된다는 얘기를 많이 듣고 있습니다. 이 대표를 지하는 분들에게는 다음 총선에서 이재명의 사람들이 곳곳에서 많이 이겨야 앞으로 우리나라가 희망이 있고 건강한 정부로 거듭날 수 있다는 생각이 지배적입니다. 저 또한 그분들의 말에 공감하고 그렇게 생각하고 있습니다.

Q 그간 걸어온 정치 역정을 보면, 영국에서는 칼럼 기고와 노사모 활동을 통해 노무현 대통령을 적극적으로 응원했고, 이어서 2012년 문재인 대표 대선 때는 캠프에서 중요한 역할을 맡기도 했습니다. 또 이재명 대표가 경기지사이던 시절엔 평화부지사로 발탁돼서 함께 일했습니다. 노무현, 문재인, 이재명 세 분의 지도자

와 다 인연이 깊습니다. 정치인으로서 나름 이분들의 장점을 고루 고루 받지 않으셨나요?

이재강 당연히 세 분의 좋은 영향력이 저에게 이어지고 있을 겁니다. 물불을 안 가리고 좀 무모하게 도전하는 그런 점은 노무현 전 대통령과 많이 닮았다는 얘기를 듣습니다. 그런데 이재명 대표와 함께 일하면서 느낀 것은 노무현을 가장 닮은 사람은 바로 이재명 대표라는 점입니다. 기득권에 맞서는 강인함, 공정을 앞세운 올바른 생각, 실천 가능한 비전 등을 보면 이 대표님에게서 노무현 대통령을 떠올리게 됩니다. 두 분 모두 아주 똑똑합니다. 일도 잘하고 학습 능력이 엄청나게 뛰어납니다.

Q 네 그리고 무엇보다도 집단지성을 잘 활용할 줄 아는 분들이었죠?

이재강 맞습니다. 시대의 흐름을 잘 읽고 미래에 대해 개혁적이면서도 실용적인 면면이 강합니다. 그리고 불의에 대해서는 비타협적으로 투쟁하고 용기 있게 맞서고 그런 비슷한 면이 있죠. 노무현 대통령과 이재명 대표의 그런 정치적인 역정과 비전에 대해서 좀 더 공부하고 체화해서 실천하는 것이 바로 대한민국의 앞날을 잘 개척해나가는 길이라고 생각합니다. 그것이 저에게 주어진 소명입니다.

결국 노무현 대통령과 이재명 당 대표에 이르기까지 정치적으로 많은 영향을 받았고 저에겐 소중한 자산이 되었습니다. 앞으로 제대로 된 정치를 해야 할 책무가 저에게 주어졌고 새로운 각오를 다져봅니다.

뚝심 정치인 이재강이 꿈꾸는

더 큰 정치 더 큰 평화

이재강 지음

초판 1쇄 인쇄일 2023년 11월 8일
초판 1쇄 발행일 2023년 11월 16일

ISBN 979-11-5706-315-4 (03340)

만든 사람들

책임편집 에디터스랩
디자인 푸른나무디자인
홍보 마케팅 최재희 신재철 김예리
인쇄 천광인쇄사

펴낸이 김현종
펴낸곳 ㈜메디치미디어
경영지원 이도형 이민주 김도원
등록일 2008년 8월 20일 제300-2008-76호
주소 서울시 중구 중림로7길 4, 3층
전화 02-735-3308
팩스 02-735-3309
이메일 editor@medicimedia.co.kr
페이스북 facebook.com/medicimedia
인스타그램 @medicimedia
홈페이지 www.medicimedia.co.kr